MELHORES
POEMAS

Ivan Junqueira

Direção
EDLA VAN STEEN

MELHORES
POEMAS

Ivan Junqueira

Seleção
RICARDO THOMÉ

São Paulo
2003

global
EDITORA

© Ivan Junqueira, 2003

Diretor Editorial
JEFFERSON L. ALVES

Gerente de Produção
FLÁVIO SAMUEL

Coordenação de Revisão
ANA CRISTINA TEIXEIRA

Revisão
LUIZ GUASCO
CÍCERA M. S. DE ABREU
SOLANGE SCATTOLINI

Projeto de Capa
VICTOR BURTON

Editoração Eletrônica
ANTONIO SILVIO LOPES

Dados Internacionais de Catalogação na Publicação (CIP)
(Câmara Brasileira do Livro, SP, Brasil)

Junqueira, Ivan
　Melhores poemas / Ivan Junqueira ; seleção Ricardo Thomé. – São Paulo : Global, 2003. – (Coleção melhores poemas)

ISBN 85-260-0854-4

1. Poesia brasileira I. Thomé, Ricardo. II. Título. III. Série.

03-4721　　　　　　　　　　　　　　CDD–869.91

Índices para catálogo sistemático:

1. Poesia : Literatura brasileira　869.91

Direitos Reservados
GLOBAL EDITORA E DISTRIBUIDORA LTDA.
Rua Pirapitingüi, 111 – Liberdade
CEP 01508-020 – São Paulo – SP
Tel.: (11) 3277-7999 – Fax: (11) 3277-8141
E.mail: global@globaleditora.com.br

Colabore com a produção científica e cultural.
Proibida a reprodução total ou parcial desta obra sem a autorização do editor.

Nº DE CATÁLOGO: **2338**

Ricardo Thomé nasceu no Rio de Janeiro, em 1958. É Doutor em Literatura Brasileira, título obtido na UFRJ, e, como professor, já atuou em todos os níveis de ensino, do básico aos cursos de pós-graduação.

Poeta, é autor de *Outonais* (1997), 1º lugar no 2º Concurso de Poesia da Faculdade de Letras da UFRJ, e da obra, ainda inédita, *Arranjo para cinco vozes*, premiada pela Fundação Biblioteca Nacional, em 1998.

Tem dois romances publicados: *Cão danado solto na noite* (1999), pela editora Razão Cultural, e *A hora em que os lobos choram* (2002), pela editora Ágora da Ilha.

IVAN JUNQUEIRA: A POESIA DO PALIMPSESTO

Há poetas de dicção fluida, diríamos *fácil*, cuja colheita vocabular demonstra que eles poucas vezes se afastam do discurso utilizado no colóquio do dia-a-dia, e nesta linha se incluem, até por uma questão de coerência tanto estética quanto ideológica, os poetas da primeira geração modernista. Tal *facilidade* não se dá apenas no nível do vocabulário, mas também da própria dicção, o que envolve questões de ordem sintática. Exemplo modelar disso recolhemos no antologiadíssimo "Pronominais", de Oswald de Andrade, aquele da *"gramática / Do professor e do aluno / E do mulato sabido"*, mas também do *"bom negro"* e do *"bom branco" / Da Nação Brasileira"*.

Herdeiros deste *modus poeticae* são praticamente todos os poetas da chamada Geração de 70, também conhecida como Geração Marginal, mas não apenas eles: nesta linha, podemos incluir — quer por questões regionais, de tom ou temperamento — quase todo nosso saudoso e eterno Mario Quintana, muito da obra de Adélia Prado, um quinhão expressivo do estro de Drummond. O que é uma prova cabal de que ser *fácil*, no sentido que queremos aqui, nada tem a ver com deficiência técnica, falta de erudição ou coisa que o valha, mas, antes, com opção, temperamento ou ainda, e uma vez mais, com uma postura estético-ideológica. Ser *fácil*, neste caso, não tem, portanto, nada de pejorativo, muito pelo contrário: é ser generoso na sua erudição, é ser simples, sofisticadamente simples, como o soube ser tantas vezes, e de maneira inigualável, Manuel Bandeira, o Bandeira, por exemplo, de "Porquinho-da-índia", ou o daquele que lhe dá prosseguimento, o "Madrigal tão engraçadinho", que diz

> *Teresa, você é a coisa mais bonita que eu vi até hoje*
> *[na minha vida, inclusive o porquinho-da-índia que*
> *[me deram quando eu tinha seis anos*

e cuja singeleza já se dá a perceber a partir mesmo do título. Foi esta singeleza, decerto, ou também ela, que teria levado Drummond a tecer uma referência ao *"verso límpido"* de Bandeira, como vemos logo na abertura de seu "Declaração a Manuel".

Mas há, por outro lado, poetas, senão *difíceis*, menos *fáceis*, poetas que, por uma postura quer estética quer ideológica (quando não por ambas), optam por um estro que exige do leitor um esforço maior para ser apreendido, seja pelo uso de metros ou técnicas menos freqüentes na história de nossa lírica, seja por conta de uma dicção extremamente erudita.

No primeiro caso — obedecendo à já clássica dicotomia, proposta por parte da crítica literária, entre lirismo e antilirismo, lira e antilira —, arrolam-se, evidentemente, aqueles poetas que transitam pela segunda vertente, e, entre nós, o exemplo mais conhecido é o de João Cabral, nem tanto o de *Morte e vida severina* (que, por se tratar de um auto, não pôde evitar, em suas belíssimas redondilhas, um acentuado grau de musicalidade), mas o árido Cabral de *Agrestes* ou de *A escola das facas*, aquele em que, se passando pelo poeta Thomas Hardy, diz, em não menos belos nonassílabos:

> *Nunca quis o verso celebrante,*
> *no mundo não vejo o que se cante:*
> *quis verso que até nos tropeções*
> *mostrasse o absurdo e seus mil tons.*

Já o segundo caso, o daqueles poetas de dicção mais rebuscada, pode parecer, a um primeiro momento, menos uma questão de opção do que de falta dela. De fato, como pretender, por exemplo, que em algum momento de sua vastíssima obra um poeta do calibre de Manuel Bandeira não tenha deixado transparecer a enorme erudição de que se sabia possuidor? Ou que um poeta da dimensão de Drummond (e, talvez, no caso, fosse mais correto falar mesmo em *erudição*) pudesse, ao longo de sua trajetória poética, deixar de cometer — Deus é grande! — coisas como o belo poema "Rapto", incluso em *Claro enigma*? Sequer um caso de humildade *in extremis*, como é o estro de Quintana, pôde evitar que "hirtas galharias" lhe servissem de rima para as gradarias dos hospitais.

Quando se trata, portanto, de grandes poetas, a insistência nesta ou naquela vertente fica mais por conta do temperamento de cada um, do gosto pessoal ou, quando não (o que é cada vez mais raro), de obediência aos ditames de uma escola literária à qual ele se sentiria vinculado. Ao grande poeta percebe-se logo, não importa se em versos brancos ou rimados, metrificados ou livres, com fôrma ou sem fôrma.

É o caso, sem dúvida, de Ivan Junqueira, poeta cujo rigor formal já era evidente desde *Os mortos* (1964), seu livro de estréia, rigor que, aliado a uma erudição admirável, torna seu estro menos acessível à primeira vista — ou à primeira leitura. Soma-se a isso uma de suas mais caras obsessões poéticas — a morte e tudo o que a ela se relacione — para justificar o estranhamento que sua poesia não raro provoca.

Quanto a isso, é inevitável a recorrência a outro grande poeta, talvez o mais emblemático, entre nós, dos que optaram por um léxico rebuscado, quase esdrúxulo, que beira, no seu caso, não raro, o ininteligível. Falamos, é claro, de Augusto dos Anjos. Foi a analogia que nos ocorreu, logo ao primeiro contato com a poesia de Ivan, principalmente por conta de coisas como

>*De que me serve este corpo,*
>*urna de gozo e desgosto,*
>*este sarcófago de osso*
>*e de carne em alvoroço?*
>
>   (...)
>
>*pasto de vermes e moscas*
>*que lhe degustam os livores.*
>*Este corpo, este meu corpo...*
>*Que a terra lhe seja fofa.*
>   ("*Corpus meum*")

Disfêmica, ainda, a linguagem usada quando da necrolatria aos fantasmas familiares, como se vê nestes passos de "Onde estão?":

> *Onde o pai, a mãe, a ríspida*
> *irmã que se contorcia*
> *sob a névoa dos soníferos*
> *e a gosma da nicotina?*
>
> *Ou bem a outra, a quem víamos*
> *trincar, crispada, os caninos,*
> *banhada em sangue e saliva,*
> *no espasmo agudo das fibras?*

Não parece uma boa opção poética essa linha trilhada por Augusto dos Anjos, cuja poesia, de incontestável qualidade, sempre foi rotulada de "escatológica", "tétrica", "mórbida" e outros adjetivos afins. Contudo, ao longo de anos no exercício do magistério, muito nos espantava a atração, para não dizer o fascínio, que nossos alunos sentiam pela poesia do autor do *Eu*. Não eram poucos, aliás, os que traziam de cor — e faziam questão de declamar, dando ênfase aos termos mais estranhos (como se saboreassem um fruto raro e exótico) — poemas inteiros do "poeta raquítico".

E, contudo, seria simplista creditar apenas ao exotismo do seu vocabulário este fascínio que o estro de Augusto dos Anjos continua causando em tantos quantos o lêem. Os incontáveis epígonos que o tentaram imitar, de nenhum se guardou o nome. E a explicação para isto é óbvia: o domínio de um léxico menos comum ou mais exótico não faz de ninguém um grande poeta. Assim o fosse, bastava que se pinçasse do *Aurélio* algumas palavras "difíceis" e seríamos todos gênios definitivos. É que a esse recurso e a essa erudição Augusto dos Anjos fazia acompanhar uma sensibilidade que não se aprende nos livros escolares nem se apreende nos dicionários e enciclopédias.

Assim, e ainda uma vez mais, é o que se dá com Ivan Junqueira. A uma erudição que salta aos olhos, ao gosto por um léxico rebuscadíssimo, ao pleno domínio das formas fixas e de toda e qualquer técnica que se pretenda, Ivan adiciona aquele algo mais que só os grandes poetas possuem, aquilo que alguns chamam dom, outros, inspiração, outros, ainda, gênio. Aquilo que não se pode — para nos utilizarmos de uma expressão cunhada por ele mesmo — reduzir "à inútil condição de esqueleto ou de víscera dissecada", de *coisa* quantificada, de objeto mensurável. Aquilo que, em outras palavras, e fazendo coro com Sartre, aproxima o poeta de Deus.

Essa erudição e essa *dificuldade* são, em parte, resultado daquilo que, em um inspirado ensaio, Ivan chamou de "técnica do palimpsesto", "aquela através da qual determinado autor rasura o texto de outros autores que lhe são pregressos e, sobre esse texto rasurado, escreve o seu texto, deixando à mostra, todavia, o do autor (ou autores) que lhe serviu de matriz".

É o que ele fará em "Onde estão?", por meio da apropriação literal de alguns versos de *Coplas por la muerte de su padre*, V, de Jorge Manrique. Em "Sótão", deste mesmo *A sagração dos ossos*, serão os versos de "Resíduo", de Drummond, que lhe servirão de mote. Dante Milano, com "Imagem", e Fernando Pessoa, com "Dois excertos de odes", inspiraram, respectivamente, a feitura de "Variações sobre o branco" e de "Hino à noite", ambos de *O grifo*. A Eliot e a seus *Four Quartets* (vertidos por ele à língua pátria), Ivan deve muito para o resultado alcançado no conjunto de versos a que deu o nome de "Três meditações na corda lírica".

Mas é em "A rainha arcaica", cuja gênese foi confessadamente deflagrada pela memória inconsciente das leituras que fez de Camões, de Garcia de Resende e de Jorge de Lima, que mais claramente se perceberá a intertextualidade como recurso constante em sua obra. Retomando a tragédia de dona Inês de Castro, que "é, na poesia e na lenda portuguesas, o supremo conto de amor", como observou Affonso Lopes Vieira, lá nos idos de 1913, Ivan publicou, em 1979, esta magnífica seqüência de catorze sonetos sobre a desdita daquela "mísera e mesquinha". Neles, o leitor mais atento saberá reconhecer, sem dúvida, o *diálogo* que ele trava ora com Camões, ora com o cronista Fernão Lopes, ou, quando não, a retomada, via linguagem (por meio dos arcaísmos observados em vários momentos), da *aura* própria daqueles tempos idos.

> *E empós foram esponsais quase em surdina:*
> *o infante gago e a aia da rainha,*
> *fiéis à maridança qual deviam*
> *e aos filhos, três, que reis jamais seriam.*
> (*in* "O matrimônio secreto")

Tudo isso nos levou a afirmar, certa feita, não ser Ivan poeta para neófitos. Referiamo-nos, mais do que à utilização da "técnica do palimpsesto" (que, a rigor, é apenas mais um recurso de que ele lança mão), ao rebuscamento de sua lírica e ao estranhamento que seu estro — com seus temas tão *pesados* e, amiúde, tão antipoéticos — não raro provoca. Mas como na lição tirada do nosso Augusto dos Anjos percebemos, com o tempo, que eram precisamente estas características que tornavam tão fascinante sua poesia, que, como no caso do vate paraibano, o gênio soubera dosar, em Ivan, o mórbido com o mágico, o que eventualmente há nele de hermético com o que nele sobra do que poderíamos chamar da mais pura pulsão poética.

Uma pulsão que, no seu caso, jamais se traduz em um derramamento desmedido, em um lirismo desprendido, em *pathos* destituído de alguma contrapartida racional. Quanto a isso, ninguém soube explicar com mais precisão do que Per Johns ao observar que se trata de uma poesia "ao nível da linguagem (...) rigorosamente racional, lúcida e intransigente. E, não obstante" — prossegue ele —, "o que a torna admirável é o resíduo que não se reduz jamais a grau de ângulo, a lugar geométrico".

Não mesmo. Pois se, como disse ainda Per Johns, "É próprio da poesia uma certa irredutibilidade ao racional", se "Nela fica um resíduo de inexplicável ou, por outra, de abarcável a partir do pensamento, mas indo além de suas fronteiras, o corpo todo e suas misteriosas bússulas interiores", no caso de Ivan esse "resíduo de inexplicável" é tempero obrigatório. Sua obra é daquelas que nos induzem a lançar mão, mais do que da razão, ou passo a passo com ela, da intuição, a lê-la no anverso e no reverso, à moda de uma esfinge que "aguarda/ quem venha decifrá-la" (*in* "A ave"). Tal e qual o discurso enigmático das esfinges, essa poesia fala por metáforas, símbolos, à espera de quem lhe descubra "o signo incógnito" que carrega e que, mais do que à luz do entendimento, se "aprende à luz do instinto" (*in* "Testamento").

Conseqüência, decerto, do gosto de Ivan pelos mitos e pelo místico, por tudo aquilo que se relaciona ao mistério e ao obscuro, e que vai redundar em uma paisagem quase sempre onírica, enigmática e fantástica. Gosto que poderia aproximar sua poesia de uma tendência romântica, não fosse sua radical rejeição àquela *hybris* típica dos sentimentais, ao transbordamento emocional que desconhece limites. Pelo contrário: o rigor formal que ressalta de sua poesia se traduz, sobretudo, por uma concisão admirável da palavra poética, uma acurada seleção vocabular, uma lapidação incansável do verso, o que faz dele um *virtuosi* ou, como diria Pound, um *master*. Ler Ivan, para além do prazer que retiramos do encantamento que sua poesia provoca, é uma lição constante da gama de recursos inerentes ao próprio fazer poético — as várias possibilidades métricas, as correspondências rímicas, as minúcias formais do verso, os diversos esquemas de estruturação do poema, tudo, enfim, que possa trazer à tona todo o universo semântico de que a palavra poética está virtualmente imbuída. Nele, o emocional vai sempre a reboque da razão, é por ela filtrado e retrabalhado, resultando numa poesia de impressionante permanência ou atemporalidade, onde toda e qualquer pulsão é antes medida, menos por conta da escansão que haveria de nos revelar seu pleno domínio das chamadas "técnicas poéticas", mas, sobretudo, por uma autocrítica que exclui de sua poesia o que quer que possa estar sob o signo da causalidade: do transitório Ivan recolhe tão-somente aquilo que dialoga com o absoluto, como o amor, como o tempo e suas engrenagens, como a própria vida, enfim.

E, nesse ponto, seria interessante nos debruçarmos um pouco sobre seus temas mais caros. Há a morte, como já dissemos, a pairar sobre tudo, o que faz dela uma obra que carrega em si o signo do niilismo, do absurdo da existência, da dor mais profunda do homem. Não se trata propriamente do que poderíamos chamar de uma poesia pessimista, mas, antes, de uma poesia toda de Nada(s), cheia de Vazio(s), fremente de Morte(s).

> *Vem. É por aqui.*
> *É por aqui a escarpa*
> *que hás de galgar*
> *em direção ao nada*

é o convite que ele faz, qual um bruxo que estendesse ao leitor incauto uma maçã envenenada. Ou, ainda, na "Lição" que nos dá, bela e terrível como a própria vida:

> *À beira do claustro*
> *o monge se inclina*
> *e na pedra aprende*
> *o que a pedra ensina:*
> *que a vida é nada*
> *com a morte por cima,*
> *que o tempo apenas*
> *este fim lhe adia.*

Se o tema da morte vai acompanhar toda sua trajetória poética, é em seu último livro, *A sagração dos ossos*, que ele se fará ainda mais presente. Direta ou indiretamente, pelo menos dezesseis dos trinta e seis poemas ali contidos hão de abordá-lo.

O livro se abre com os belos versos do já citado "Onde estão?", e dos quais transparece, mais uma vez, a vacuidade da existência humana:

> *Nômades de ásperas trilhas,*
> *andamos mientras vivimos,*
> *até que a morte, em surdina,*
> *nos deite as garras de harpia.*
>
> *E tudo afinal se finda*
> *sem cor, sem luz, sem martírio;*
> *así que cuando morimos,*
> *de nós mesmos nos sentimos*
>
> *tão distantes quanto as cinzas*
> *de uma estrela que se extingue*
> *na goela azul dos abismos.*
> *E ninguém, nem Deus, nos lastima.*

Eis aí, *grosso modo*, o tom ivan-junqueiriano: uma "Áspera cantata", aqui e ali interrompida por acordes mais amenos. Mesmo naqueles poemas mais intimistas ou até confessionais (ou, sobretudo, neles) o tom de desolação persiste:

> *Minha mãe chorando no fundo da noite*
> *rachou o silêncio do quarto adormecido.*
> *(...)*
> *Minha mãe chorando no fundo da noite*
> *apunhalou o sono de Deus.*

Estamos, pois, diante de uma angústia instaurada pela presença da morte, que vai gerar, por sua vez, a descrença e o niilismo. Se a vida é um trilhar para o nada, tudo — o próprio ato de viver — torna-se inútil:

> *É tão pouco o que podes, muito menos*
> *do que uma pálida e fugaz recordação*
> *ou os músculos crispados e ofegantes*
> *às bordas do penhasco que galgaste*
> *no esforço de uma inútil ascensão.*
>
> ("É tão pouco...")

Evidente que diante da crueza de um tal raciocínio há de se encontrar saídas para que esta "áspera escalada" se faça suportável. Duas são elas, para Ivan Junqueira: o amor e a arte.

Mas nem aí haverá trégua: o amor, para Ivan, longe está de representar um hiato paradisíaco. É, antes, o palco ideal onde o conflito entre o Nada e o Absoluto, entre o Absurdo e a Vida — "Por que, às vésperas do nada / a alma desperta, arrebatada?" — há de se desenrolar. Como bem observou Antonio Carlos Secchin, Ivan "faz transbordar para o espaço do prazer a tensão do inferno que o circunda". Ao amar, contudo (e ainda que por um momento fugaz) o homem vence o Nada e se faz Deus, "e, mais que os deuses", se faz eterno*("Cinco movimentos", II). Como se vê em "Quando solene e agudo", soneto que merece figurar entre os mais belos de nossa língua:

> *Quando me afundo em ti, útero adentro,*
> *como Deus, numa esfera, estou no centro.*

Paralelo ao viés amoroso, a arte surge como um lenitivo para esta "áspera escalada" que é a vida. Mas, sendo a vida uma caminhada "em direção ao nada", a arte, como o amor, é uma luta contra o Absurdo, um exercício de resistência, de rebeldia, de oposição à Angústia inerente a esta realidade. Exercício prenhe desta mesma angústia, marcado, ele mesmo, pelo Absurdo contra o qual se digladia.

> *Assustam-me as palavras, a grafia*
> *dos signos entre os quais ruge e fulgura,*
> *como um rio que escava a pedra dura,*
> *a expressão de quem busca, em agonia,*
> *o sentido da fáustica e sombria*
> *angústia de que o ser jamais se cura.*
> (*in* "Assusta-me essa inóspita brancura")

O embate é, pois, cruel. Contra o Nada, nada (sequer o amor, sequer a arte) pode. Resta-nos, isto sim, afirmar a vida a despeito da vida, negar a morte a despeito dela. Resta-nos buscar, já que tão pouco podemos "no esforço de uma inútil ascensão". Resta-nos, enfim, a teimosia:

> *Resposta alguma*
> *à tona sobe*
> *mas eu indago*
> *e lanço o anzol*
> (*in* "Ária marinha")

De modo que, tal e qual o amor, a arte é o cenário ideal onde o jogo de conflitos — o Tudo e o Nada, a Vida e a Morte, a Esperança e o Absurdo — se dá. Se representa, com sua simples existência, uma espécie de afirmação da vida, a arte só se consubstancia a partir do conflito — e da vitória (também ela fugaz) — entre o ser que tudo almeja e o Nada que a todos aflige. "Como na deriva amorosa", vai nos dizer, ainda, Antonio Carlos Secchin, "a arte não expulsa a morte: enfrenta-lhe o desafio, tenta exorcizá-la em terreno inimigo". E, mais adiante: "(...) a poesia não representa um espaço de trégua, mas um pólo propulsor de novas tensões". É o que, lírica e tragicamente, Ivan vai expressar em "A garra do grifo":

> Se o homem cria, ele o escarnece e pisa,
> triunfante, entre os escombros da agonia.
> Nada o extasia mais do que esse abismo
> entre o que alguém almeja e o que conquista.

A este tripé temático — morte, amor e arte — poderíamos, sem o perigo de errar, acrescentar mais um: o tempo, abstrata matéria-prima das "Três meditações na corda lírica", sem dúvida um dos seus grandes momentos. Não só o tempo racional, mensurável, que se deixa perceber por meio de suas marcas e que "dissolve os traços mais perpétuos" (*in* "Espelho"), mas, também, o tempo abstrato, aquele que, sendo passado, é ainda presente, o tempo que se volta sobre si mesmo e sobre si mesmo se faz outro, o tempo que, inédito, se reescreve,

> *como se um código babélico*
> *em suas runas contivesse*
> *tudo o que ali, durante séculos,*
> *houvesse escrito a mão terrestre.*
> (*in* "Palimpsesto")

É desse último tempo, um tempo pessoano, pantempo e a-tempo, que vão tratar estas "Três meditações na corda lírica". E ao nos reportarmos a Fernando Pessoa temos em mente uma poesia carregada de componentes ocultistas, de verdades opostas, de ambigüidades, uma poesia, enfim, que, nas palavras de Massaud Moisés, trabalha a contradição como método. Assim fará Ivan nessas "Meditações":

> *O que passou (...)*
> *(...)*
> *mais vivo está porque o escutas limpo,*
> *fora do tempo, mas no tempo audível*
> *de teu olvido (...)*

O que há de extraordinário nestes decassílabos é a consonância lograda entre a idéia circular do tempo, da vida como um processo incessante, do movimento ininterrupto do universo, e o *corpus* estrutural do poema, refletindo esse ir e vir a partir de um ritmo, simultaneamente igual e único (único em cada uma de suas partes), pautado pelos paroxismos que, no entanto, se fundamentam em perfeita lógica. Tripartido (ou tetra, já que a segunda "Meditação" se compõe de duas partes), o poema forma um todo admiravelmente bem estruturado, perfeitamente fechado em si mesmo. Coerentes com esta idéia circular do tempo e do movimento incessante da vida, os versos fluem e refluem, avançam e recuam, como que configurando uma *maré poética*.

Estamos, pois, diante de uma poesia que poderíamos rotular de "ôntica", no sentido de orbitar sempre em torno dos chamados "grandes temas". E com isso queremos dizer não ser Ivan poeta-símbolo de um determinado tempo, que não espelha sua poesia as preocupações desta ou daquela época, deste ou daquele lugar. É ao redor da essência mesmo do bicho-homem que seu verso transita, daquilo que há de mais atemporal — e daí, eterno —, daquilo que há de menos "nacionalizado" — e, por isso, universal — que seu estro se ocupa. Se há revoluções a serem feitas, se a injustiça social impera, se há guerras, miséria e fome, tudo isso é nada frente ao grande projeto que o Homem sintetiza. Ele — e só ele — no seu constante desejo de se eternizar, irremediavelmente frustrado pela presença da morte; Ele — e só ele — na sua ânsia pela transcendência, inevitavelmente freada pela dúvida e pela descrença, "monstros-enigmas" a quem só o Amor e a Arte são capazes de vencer; Ele, e somente ele, sua busca trágica e incansável — qual Sísifo — é que vai interessar ao poeta Ivan Junqueira.

Procedendo a uma rápida estatística dos metros e formas usados por ele, percebemos que:

a) a métrica estará presente em mais de 70% de seus poemas;

b) os metros preferidos são — pela ordem — os decassílabos, os heptassílabos e os octossílabos;

c) o soneto é a forma fixa que mais preza (sendo que o decassílabo aparece em mais de 90% deles), seguido pelos quartetos;

d) a rima toante impera largamente sobre a consoante; e

e) os chamados versos livres serão predominantes apenas em seu livro de estréia. Por outro lado, é em *A sagração dos ossos*, sua última obra até aqui publicada, onde a preocupação com as formas se dará de modo mais evidente, preocupação que prossegue, como atestam, claramente, os poemas alocados na seção "Inéditos".

Pelos critérios genealógicos e históricos, tal e qual propôs o professor Pedro Lyra, Ivan pertenceria à "Geração-60", que, contudo, nem de longe representa um movimento literário, com um ideário estético comum a todos os que nela se enquadram. Tanto que nesta mesma "Geração-60" encontraremos poetas tão díspares entre si como Olga Savary, Carlos Nejar, Mário Faustino (por quem Ivan nutre confessa admiração), Affonso Romano de Sant'Anna, Marly de Oliveira e Adélia Prado, apenas para citarmos alguns.

Poeta da intertextualidade — ou do palimpsesto —, Ivan pertence, na verdade, a esta estirpe de poetas que sabem "que o que se escreve"

> *com a sinistra ou com a destra,*
> *uma outra mão o faz na véspera,*
> *e que o artista, em sua inépcia,*
> *somente o crê quando o reescreve.*

Sabe mais: que o que se escreve — ou se reescreve — só se completa a partir do espanto provocado em seus intérpretes. E sua poesia parece nos ensinar, o tempo todo, a nunca buscar "nessa odisséia"

> *senão o anzol daquele nexo*
> *que fisga o presente e o pretérito*
> *entre os corais do palimpsesto*
>   ("Palimpsesto").

Eis, aí, o papel que nos cabe, a nós, leitores, nesta mágica travessia — ou odisséia — feita de letras e hipérboles, mas também de "duendes, górgonas e insetos".

Membro da Academia Brasileira de Letras, autor de uma obra que a crítica considera, unanimemente, como do mais alto nível, detentor de vários prêmios literários, falta a Ivan um reconhecimento à altura por parte do grande público. Talvez seja essa a chance, tomara seja essa a hora.

POEMAS

OS MORTOS
1956-1964

À memória de Aníbal Machado

Et c'est l'heure, ô Poète, de décliner ton nom,
ta naissance et ta race...

St.-J. Perse, *Exil*

OS MORTOS

Estais acima de nós,
acima deste jantar

Carlos Drummond de Andrade, A mesa

I

Os mortos sentam-se à mesa,
mas sem tocar na comida;
ora fartos, já não comem
senão côdeas de infinito.

Quedam-se esquivos, longínquos,
como a escutar o estribilho
do silêncio que desliza
sobre a medula do frio.

Não desvendo, embora lisas,
suas frontes, onde a brisa
tece uma tênue grinalda
de flores que não se explicam.

Nos beirais a lua afia
seu florete de marfim.
(Sob as plumas da neblina,
os mortos estão sorrindo:

um sorriso que, tão tíbio,
não deixa sequer vestígio
de seu traço quebradiço
na concha azul do vazio.)

Quem serão estes assíduos
mortos que não se extinguem?
De onde vêm? Por que retinem
sob o pó de meu olvido?

Que se revelem, definam
os motivos de sua vinda.
Ou então que me decifrem
seu desígnio: pergaminho.

Sei de mortos que partiram
quase vivos, entre lírios;
outros sei que, sibilinos,
furtaram-se às despedidas.

Lembro alguns, talvez meninos,
que se foram por equívoco;
e outros mais, algo esquecidos
que de si mesmos se iam.

Mas estes, a que família
de mortos pertenceriam?
A que clã, se não os sinto
visíveis, tampouco extintos?

Ou quem sabe não seriam
mortos de morte, mas sim
de vida: imagens em ruínas
na memória adormecidas.

Mas eles, em seu ladino
concílio, disfarçam, fingem
não me ouvir. E seu enigma
(névoa) no ar oscila e brinca.

II

Ó mortos que, sem convite,
à minha mesa finita
sentastes só para urdir
tal intriga metafísica!

Quem vos pediu me despísseis
vosso segredo mais íntimo?
E, ao despi-lo, não me abrísseis
seu núcleo de morte e vida...

E por que tanto sigilo
em vosso verbo melífluo,
se a morte em si já é signo
transfigurado de vida,

se apenas um morto em mim
é o que basta de agonia
para que o tempo o redima
e logo inverta sua sina?

Assim, estes mortos (vivos)
não estão aqui nem ali:
pertencem todos à minha
carne, agora feita espírito.

E mesmo que se retirem
(e eis que o fazem, de mansinho)
algo deles, pelas frinchas
da noite cúmplice, fica.

E me invade, vago líquido,
tingindo fibra por fibra
o ser que em meu ser persiste
contra o outro, que o mastiga.

III

Sobre a mesa, sono e cinza,
dissolvem-se as iguarias
— viandas, aspargos, vinhos —
que ofereci às visitas.

Visitas porém omissas,
não cuidaram de comida,
aos da mesa preferindo
requintes talvez mais finos.

À cabeceira, sozinho,
a coisa alguma presido
senão a mim mesmo: abismo
que em si próprio se enraíza.

Quanto aos convivas — repito —,
de algum modo ainda me habitam;
não fosse assim, como ouvi-los,
agora, em meus labirintos?

Sim, ei-los meus inquilinos,
os mortos, tão coisa viva
que a morte já não os cinge:
deixa-os fluir, linfa, comigo.

ÁGUA

A água rolando na rua
a água rolando na rua deserta
a água molhando a pele da pedra
(coitada, ela tem frio)
a água rolando na rua
a água no olho do homem sozinho
a água pingando dentro do homem sozinho
(quase não se escuta)
a água rolando na rua
a roda do automóvel machucando a água
a água chorando baixinho nas margens da noite
a água toda suja de tristeza
a solidão da água
a água rolando na rua
a água rolando na rua deserta

TRISTEZA

Esta noite eu durmo de tristeza.
(O sono que eu tinha morreu ontem
queimado pelo fogo de meu bem.)
O que há em mim é só tristeza,
uma tristeza úmida, que se infiltra
pelas paredes de meu corpo
e depois fica pingando devagar
como lágrima de olho escondido.

(Ali, no canto apagado da sala,
meu sorriso é apenas um brinquedo
que a mãozinha da criança quebrou.)

E o resto é mesmo tristeza.

ELEGIA ÍNTIMA

Minha mãe chorando no fundo da noite
rachou o silêncio do quarto adormecido.
Meu pai olhava o escuro e não dizia nada.
Um relógio preto gotejava barulho.

Lá fora o vento lambia as espáduas do céu.

Minha mãe chorando no fundo da noite
apunhalou o sono de Deus.

BALADA ROMÂNTICA

Lenta noite meu amor
rasgando a teia do tempo
minha angústia envelhecida
veio triste embalsamar

Em seus olhos descorados
pelo regato das horas
boiavam liquens longínquos
feitos de outrora e luar

Sorri como que chorasse
ao contemplar seu perfil
que emergia não sei bem
de que época ou lugar

Então meu amor erguendo
a face banhada em mito
me contou velhas histórias
me consolou devagar

Deixou depois que seus dedos
em meus cabelos ficassem
como espátulas de névoa
sobre vagas de alto-mar

Ao redor a tessitura
da escuridão se esgarçava
como um lençol de cansaço
que se rompesse no ar

Meu amor nada dizia
muito embora me fitasse
não me lembro em que pessoa
do plural ou singular

E sem um gesto sequer
chegou-se a mim me abraçou
me dissolveu nas espumas
de seu corpo a naufragar

Ainda me suja a salsugem
de suas fibras convulsas
de seus músculos de musgo
que a sombra vai costurar

Agulha fluida das brisas
medula fria das águas
meu amor nem bem surgira
foi-se embora sem chegar

Pelos canais da memória
circula um peixe que entorna
o brilho escorregadio
de sua carne lunar

Dorme o peixe e se dissolve
nos labirintos do sono
na correnteza da noite
na orla difusa do mar

FLOR AMARELA

A José Reynaldo Magalhães

Atrás daquela montanha
tem uma flor amarela;
dentro da flor amarela,
o menino que você era.

Porém, se atrás daquela
montanha não houver
a tal flor amarela,
o importante é acreditar
que atrás de outra montanha
tenha uma flor amarela
com o menino que você era
guardado dentro dela.

HOJE

A sensação oca de que tudo acabou
o pânico impresso na face dos nervos
o solitário inverno da carne
a lágrima, a doce lágrima impossível...
e a chuva soluçando devagar
sobre o esqueleto tortuoso das árvores

É O VENTO

É o vento que vem uivando
pelas frinchas do infinito
é o vento que vem gemendo
na espinha do plenilúnio
é o vento que vem rolando
como um cascalho de treva

É o vento que vem quebrando
as vidraças do silêncio
é o vento que vem abrindo
as cicatrizes da véspera
é o vento que vem pulsando
nas veias murchas do tempo

É o vento que vem mordendo
a carne tenra das nuvens
é o vento que vem regendo
a sinfonia das águas
é o vento que vem varrendo
a nostalgia dos túmulos

É o vento que vem trazendo
teu sorriso embalsamado
é o vento que vem despindo
a salsugem de teus seios
é o vento que vem moldando
tua gótica nudez

É o vento que vem brincando
de roda com minha infância
é o vento que vem tangendo
meus pensamentos sem rumo
é o vento que vem traçando
o mapa de minha face

É o vento que vem roendo
o pergaminho das horas
que monótonas gotejam
sobre as escarpas herméticas
do abismo turvo insondável
que me separa de mim

SOLILÓQUIO

Oculto em névoa densa, ele medita
sobre o sabor da carne mastigada;
o olhar, como a poesia, já não fita
a casca, mas a seiva atormentada.
Nas noites ermas que o silêncio habita,
ele se curva absorto sobre o nada;
seu pensamento — timbre agudo — imita
o gume de uma adaga sublevada:
a lâmina, telúrica haste esguia,
oscila na espessura azul e fria
do céu, que se debruça no adro escuro,
enquanto o vértice (metal mais puro)
perfura a náusea, o tédio e acorda a chama
do enigma, ocluso em pálpebras de lama.

SONETO AO UNICÓRNIO

Teu passo pequenino rompe a treva,
onde repousa, imersa em nostalgia,
a imagem do animal que não se eleva
sequer para morder a luz do dia.
Silêncio em forma de unicórnio. Leva,
ó tempo, em tuas asas, a magia
fugaz da lúdica pupila! Neva.
Neva em meu ser, aurora em agonia.
Teu passo pequenino esmaga o sonho
que se desenha nas escarpas nuas
do espaço apunhalado pelo vento.
Ao longe o espasmo flácido das ruas.
Noite murcha. (Ouvir meu pensamento
é coisa que não creio, mas suponho.)

O POLVO

No golfo um polvo hermético se move
entre algas de silêncio e solidão;
no golfo, um polvo, aquático espião,
agita seus tentáculos, remove,
sem trégua, a lama espessa que recobre
o tácito esqueleto de seu pão.
Mas não se sabe a polpa nem o grão
do plasma em chamas que o molusco engole.
Sabe-se apenas que o animal se inclina,
voraz, sobre a nudez da essência pura
e nela enterra a fome de seu dente.
Sabe-se mais: que o mar se transfigura
e à tona envia um anjo incandescente
quando no golfo o polvo se ilumina.

ÁRIA MARINHA

Tecla de sal
clave de sol
acorde oculto
num caracol

Será o espectro
da infância morta
que desabrocha
como um farol?

Serão ginetes
já sem memória
fincando esporas
no azul lençol?

Será meu pai
debaixo d'água
com sua flauta
e seu punhal?

Ou não será
em mim disperso
o som submerso
de outro coral?

Resposta alguma
à tona sobe
mas eu indago
e lanço o anzol

CLAVE MENOR

Curvado sim
sobre o poço
que há em mim
súbito ouço
antigo tímpano
pulsar no limo

Núcleo difuso
não se lhe vê
contorno algum
ou traço que
recorde a efígie
de sua origem

Mas sua música
colcheia ou fusa
é como se
no espesso túnel
brotasse um talo
de luz profunda

Ou clave tal
que sendo embora
canção de agora
também se possa
dizer que seja
algo de outrora

Pois sibilina
vibra inaudível
nas entrelinhas
do texto extinto
cujo hieroglifo
ninguém decifra

E ainda retine
timbre longínquo
entre as colinas
(ora indistinto
perfil de cinza
que o musgo tinge)

Onde eu a sós
curvado assim
sobre o menino
que em mim dormia
buscava a Ti
em meus confins

E erguia um brinde
às mãos que haviam
tecido o fio
de Tua líquida
presença em mim
— vinho em que vim

SIGNO & ESFINGE

A Márcio Tavares d'Amaral

Toda esfinge exibe um signo
visível de seu enigma,
embora quem o pressinta
jamais lhe decifre a escrita.

Daí esse verde espinho
na lã de tua velhice,
sem que ninguém nunca o explique
ou por que em ti ainda viça.

Mas nem tudo se restringe
ao rodízio dessa antítese:
coisas há que de tão íntegras
fizeram-se estrita síntese.

Ou quase, pois, quando explícitas,
traço algum nelas persiste
que recorde em seu perfil
sinais de luta ou fadiga.

Assim, a vida: cantiga
muitas vezes inaudível.
(Um som, porém, sempre avisa
que há música a ser ouvida.)

Qual *Weltanschauung*, metafísica
ou qualquer outro artifício
que use a (vã) filosofia!
Hábito apenas; pior: vício

de olhar o mundo e senti-lo
como se o visse um menino
através do imprevisível
prisma de suas cismas; vício

de ouvir o tempo, seu ritmo
de limos e antigos sinos
no íntimo exíguo das frinchas
que o respiram; vício, enfim,

de acreditar, como Sísifo,
que o trágico não reside
no ato inútil do suplício,
mas no gesto de omiti-lo.

E tu, que outrora, em delírio,
às úmidas galerias
da memória insubmissa
desceste em busca da origem;

tu, que te julgaste um dia
princípio, vínculo e fim,
verdade imóvel, matriz
de toda a essência infinita;

tu, que ousaste escárnio e riso
ante a sentença homicida
de teu processo sem vítimas;
tu, aqui sombra e agonia,

ali luz do azul vizinha,
por que te quiseste arbítrio
quando em ti princípio e fim
sempre invertem seus desígnios?

Cicatriz irreversível,
teu ser é não-ser e imita
o obscuro rumo de um rio
que por Éfeso fluía.

O que já foste, o que acima
serás, se tua argila habita,
à superfície desliza
do que és, sem sê-lo ainda.

Contudo, existes. E um crivo
de teu ser na pedra cria
raízes fundas, salitre,
musgo alheio ao torvelinho.

Mas nada disso redime
tua culpa de ser, teu crime
de estar aqui, frente ao signo
que se esquiva a cada esquina.

E segues. Mas onde trilha
que ora te sirva, exclusiva?
Sob teus pés, ínvio caminho,
movediça geografia.

No ermo da colina miras
quanta imagem te repita,
quanta sina. Mas em ti,
turvo estigma, tu. E expiras.

Frente à esfinge, a sós contigo,
a tudo então renuncias.
Agora, sim: tábula prima,
abre-se o enigma. És infinito.

*TRÊS MEDITAÇÕES
NA CORDA LÍRICA
1968*

A Alexei Bueno e Marco Lucchesi

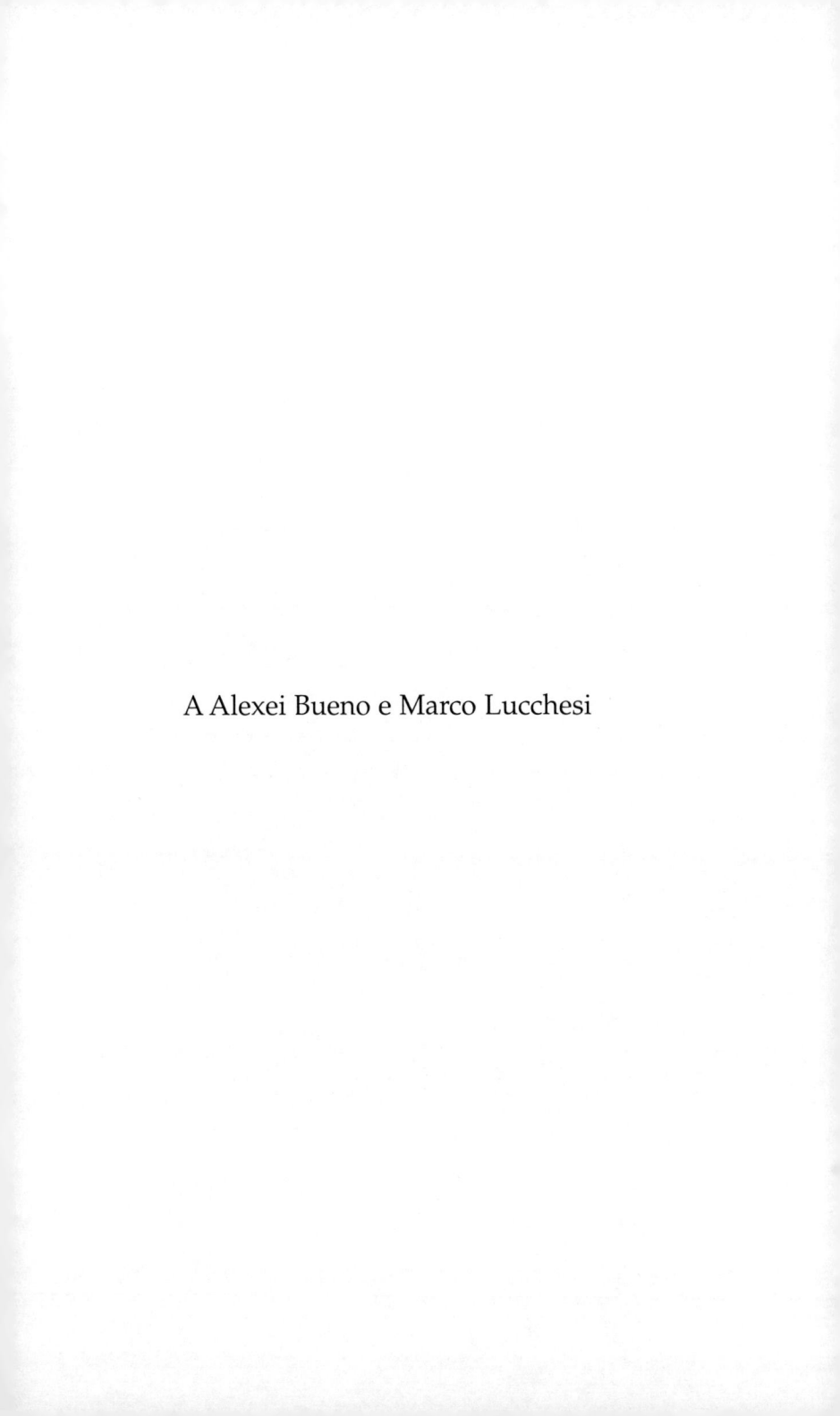

1

> *Only through time time is conquered.*
> T. S. Eliot, *Four Quartets, Burnt Norton*, 92

Deixa tombar teu corpo sobre a terra
e escuta a voz escura das raízes,
do limo primitivo, da limalha
fina do que é findo e ainda respira.

O que passou (não tanto a treva e a cinza
que os mortos vestem para rir dos vivos)
mais vivo está que toda essa harmonia
de claves e colcheias retorcidas,
mais vivo está porque o escutas limpo,
fora do tempo, mas no tempo audível
de teu olvido, partitura antiga,
para alaúde e lira escrita, timbre
que vibra sem alívio no vazio,
coral de sinos, música de si
mesma esquecida, aquém e além ouvida.

O que passou (à tona, cicatriz)
é dor que nunca dói na superfície,
ao nível do martírio, mas na fibra
da dor que só destila sua resina
quando escondida sob o pó das frinchas
e que, doída assim tão funda e esquiva,
é mais que dor ou cicatriz: estigma
aberto pela morte de outras vidas

nas pálpebras cerradas do existido,
espessa floração de espinhos ígneos,
solstício do suplício, dor a pino
de te saberes resto de um menino
que anoiteceu contigo num jardim
entre brinquedos e vogais partidas.

E tudo é apenas isso, esse fluir
de vozes quebradiças, ida e vinda
de ti por tuas veias e teus rios,
onde o tempo não cessa, onde o princípio
de tudo está no fim, e o fim na origem,
onde mudança e movimento filtram
sua alquimia de vigília e ritmo,
onde és apenas linfa e labirinto,
caminho que retorna ao limo, à fina
limalha do que é findo e ainda respira
para depois, o mesmo, erguer-se a ti,
ao que serás, porque estás vivo aqui,
agora e sempre, antes e após de tudo.

Deixa tombar teu corpo e te acostuma,
húmus, à terra — útero e sepulcro.

2

Geh in der Verwandlung aus und ein.
R. M. Rilke, *Sonette an Orpheus*, XXIX, 6

2.1 Tudo se move e muda nesta esfera,
onde amor aglutina e ódio esfacela.
Tudo se move aqui, nada revela
traço ou vestígio de paisagem velha,
pois o que vem da terra e a ela desce
não cumpre seu destino alheio à guerra,
ao desafio tácito das pedras,
imóveis no disfarce de sua pele,
mas que lentas caminham dentro delas.

O que é mudança e movimento medra
no caos originário, sob os restos
de ignorados répteis, entre as vértebras
de aves e peixes sem regresso, medra
na gestação das coisas mais recessas,
dentro do fogo principal, nas células
que o tempo fecundou antes dos séculos.

E nada o explica nem reduz a metro,
a grau de ângulo, a lugar geométrico,
porquanto o ser, quando medido, é légua
ou polegada que ninguém percebe,
padrão avesso a esquadro e régua, verbo
somente conjugado no pretérito
de um tempo já sem voz, leque de ecos
secretos, esqueletos e objetos,
hieróglifo amuleto sortilégio
e bichos de caverna

                      pedra pedra

(gazela e touro, na parede impressos,
em pedra se convertem, quase eternos).

O que se move e transfigura é réplica
a toda forma de armistício ou trégua,
a quanta fôrma que o pretenda nela,
no calabouço de seu gesso déspota,
como impassível molde ou cópia serva
onde a matéria se aviltasse, feudo,
e assim, submissa, fosse apenas sede,
não de si própria, sim de sua inércia.
Mas o que muda, por mover-se, altera

seu todo e subterrâneo aspecto, inverte
as leis de sua mecânica celeste,
abjura o céu, implora o inferno, inferna
o ser trancado em si, gêmeo infiel,
e nem concebe aqui, sobre esta esfera,
pendidas mãos que não se façam gesto
ou espalmado pássaro de fé:
antes e apenas se obstina, flecha,
em ser a essência mesma desse gesto,
sua vertigem de ascensão e queda,
para que o pássaro em seu vôo o leve
e no alto espaço o espalme mais depressa.

O que se move e muda nesta esfera
a tudo aspira, mas a nada espera
senão ser o inimigo do que é,
e porque o é, sendo-lhe o veto, repta
essa ambição de perdurar no espectro
de templos sem memória, esse projeto
que o ser faz e refaz porque se quer
enquanto mais imóvel, mais eterno.

2.2 Raiz de fogo e água e ar e terra,
já não te reconheces nesta esfera,
onde amor aglutina e ódio esfacela,
já não te sabes quem, nem se o que eras
foi mesmo tu, ou só fluida promessa
de um tu que em ti, além, ainda te espera.

Úmida e cega é a dança de teu sexo,
monólogo de sangue, espasmo e tédio
que macho e fêmea em pânico interpretam
como atores de um ato tão diverso
quão sempre o mesmo, pelo avesso: verso
e reverso da lúbrica moeda
com que se tira a sorte/azar da espécie.

E nessa dança em que teus pés sequer
o solo roçam, palma e caule aéreos,
nessa espiral tecida à luz da treva
que te sepulta em solidão e amplexo,
nessa cadência, enfim, que é teu alegro,
um pouco de ti mesmo a outro cedes,
um pouco de teu ser que aí se perde
entre os escombros do que é gozo e esperma
e é quase nada e se desmancha e ofega,
suor e febre, pó de posse/entrega.

Vai, e esquece a lei do que é perpétuo,
pois o que dura apenas permanece
enquanto o movimento se conserva
ou se transmuda o espírito em matéria:
a condição do ser é não ser término,
mas só início de outro ser que o nega.

Agora dorme em paz com tua guerra
e renuncia para sempre ao credo
que te faz crer imóvel luz eterna.

— Tudo é processo. E a vida não repete.

3

Je te salue, vieil océan!
Lautréamont, *Les Chants de Maldoror*, 1

O mar e sua orla solitária.

Aí estás, memória e clave amarga
(o tempo ainda é música, é tocata
que se ouve ainda nos teclados d'água).
Aí estás, e estás além, nos rastros
de turvas tempestades e presságios,
nas órbitas de oceanos afogados,
nas ondas que se entornam devagar
dentro de ti, canção de recordar...

O que se foi, e agora o mar resgata
na concha entreaberta de suas praias,
se é que o foi, não era o que pensavas,
mas só tumulto e escárnio, fria máscara
de escamas e despojos, altos mastros
estilhaçados, pragas em pedaços,
algas e esponjas, álgida mortalha
de velas onde a voz do vento jaz
sob os ossos do sol e o sal das vagas.

O que se foi nem mesmo o mar apaga
porque o habita e insufla suas águas
contra o marasmo das marés que baixam
e sobem, mas ao ermo cais não trazem
senão mensagens mortas, astrolábios,
constelações de bocas devoradas
esfera armilar, bússolas sem braço,
neblina, solidão — o itinerário
dessa viagem que jamais se acaba,
pois âncora não há que suas garras
possam rasgar as guelras da enseada,
tão funda quanto rasa, tal a casca
de um fruto cuja polpa fosse o nada.

O que se foi, tentáculo e borrasca,
é o próprio mar, a espuma de seu hálito,
a quilha de seus gládios e cristais,
a cal do caracol onde se faz
presente o teu passado, o nó que amarra
antes e após, a dor e o cais de outrora
futuros na salsugem deste agora.

Aí estás, memória e clave amarga
(o mar ainda é música, é tocata)
— a sós com tudo e nada, a recordar
o tempo das canções
      e do naufrágio.

*OPUS DESCONTÍNUO
1969-1975*

À memória de José Paulo Paes

CANÇÃO ESTATUÁRIA

Severa e pura
pedra escultura
o tempo dura
em tuas curvas

Sulco após sulco
ângulo cunha
toda te aguças
seca nervura

Te acuam musgo
farpa de chuva
branco de bruma
penumbra inútil

Mas nada suja
nem subjuga
na pedra abrupta
tu mesma nua

E que tumulto
em tua postura
tão tumba nunca
mas dentro júbilo

Mais dentro tu
tua gula surda
do que é transcurso
e se transmuda

Assim perduras
infanta fúnebre
pois é defunta
que vens a lume

ALTA, A RAINHA

Alta, entre os pássaros,
de luz apenas trespassada,
fina como as farpas
do vento que se enreda
nos ramos, campanários.

Alta, sobre as espáduas
dos montes arqueados,
com seus filhos descalços
e os bichos sempre ao lado.
(A criação neles refaz
seu ciclo de milagres.)

Alta e perene, desliza
entre os astros. E alastra
no espaço um rastro
de adágios outonais
que lhe celebram as bodas
e os jogos conjugais.

A casa a espera em paz
com suas claras vidraças
e seu rumor estival,
os bichos todos e as plantas,
o pai ancestral à porta
e os filhos reais descalços:
cada coisa em seu lugar
e mais a lua entornada
sobre o leito nupcial.

Alta e silente, entra
pé ante pé a rainha,
tateia as paredes mudas,
fala às aias e aos eunucos
e adormece entre nuvens
sem despertar o seu rei
a quem antes se entregara
e depois furtara o reino
para vê-lo recriado.

EPITÁFIO

A Mauro Gama

De tua história, nada;
ou tudo, se quiseres:
entre uma e outra data,
a fábula de seres
nunca o tangível, mas
o pássaro, o maralto
(o passo, não: o salto
em vão, fora do espaço),
o amor, vale dizer:
sua forma álgida e rara,
avessa à coisa amada
– e, súbito, colher
a morte, flor cediça,
dentro da vida.

LIÇÃO

A Marco Aurélio Mello Reis

À beira do claustro
o monge se inclina
e na pedra aprende
o que a pedra ensina:
que a vida é nada
com a morte por cima,
que o tempo apenas
este fim lhe adia
e que o ser carece
de não ser ainda,
pois à luz se esquiva
do que o purifica:
a doce pedra,
sem musgo ou limo,
o pátio só,
conquanto o sino,
o ermo das coisas
simples e humildes.

A RAINHA ARCAICA
1979

A

Álvaro Mendes
Per Johns
Sérgio Pachá
Tite de Lemos
Elisabeth Veiga

Estavas, linda Inês, posta em sossego.

Luís de Camões, *Os Lusíadas*, Canto III

Estavas, linda Inês, nunca em sossego.

Jorge de Lima, *Invenção de Orfeu*, Canto IX

Com as espadas na mam
m'atravessam o coraçam,
a confissam me tolheram:
este é o galardam
que meus amores me deram.

Garcia de Resende, *Cancioneiro geral*

O mytho é o nada que é tudo.

Fernando Pessoa, *Mensagem*, II, "Os Castellos", Primeiro/*Ulysses*

I

A RAINHA INDIVISA

E vendo-se a rainha despojada
de seus haveres ancestrais e a pátina,
sem feudo ou latifúndio — as glebas fartas
agora à míngua, do calcâneo à escápula;
e vendo-se a monarca exígua e arcaica,
sem rei na alcova, tumba de alabastro,
distante já dos ais de suas aias
que entre águias e unicórnios fabulavam;
e a soberana assim posta em desgraça,
de eunucos e presságios rodeada,
lívida ao gume esguio das adagas,
de joelhos se pôs na orla das águas,
e as vagas lhe rasgaram a ilharga: tálamo
onde párias foram reis. E reis, vassalos.

II

INÊS: INDÍCIOS

A rainha que vês, ora defunta,
já foi infanta e bela como tantas,
zelosa de suas franjas, suas tranças,
seus pés agílimos e inquietas ancas.
E tudo teve, como tantas: do âmbar
e do almíscar ao túmido testículo
dos reis que a ungiram de saliva e sífilis
nos prados, pátios, adros e patíbulos.
Teve bonecas e hipogrifos, amas,
menestréis, górgonas e harpias, quantas
bem quis ou que lhe apetecessem à insânia.
A ruína que vês, posta em decúbito,
já teve porte e postura, mas súbito
a infanta de si própria se fez pântano.

III

QUE SE ALASSE A MONARCA!

Urgia que a rainha fosse alada
e em seu regaço a infâmia consagrasse
de um reino tão soberbo quão bastardo
– o dessa dama espúria, sem linhagem.
Mas urgia que se alasse. Urgiam asas
que para além do tempo a exilassem,
a salvo da perfídia e do sarcasmo,
daquele rei ambíguo a quem amara
em vida, em morte, em sonho — até nas águas
da fonte que lhe foi claustro e sudário.
Que se alasse a monarca! Que se alasse!
O palco desta farsa é o cadafalso,
e em Coimbra a intriga trama o espetáculo.
O epílogo era póstumo: Alcobaça.

IV

PEDRO, O CRU

O Cru, o Justiceiro, o infausto infante,
o de Coimbra, Pedro, teu amante,
o que no ventre semeou-te a herança
de um reino que foi teu só por vingança,
o que filhos te deu como lembrança
bastarda e amarga entre uma e outra andança,
— ele, o Cru, que de ti se fez distante
ao engolfar-te o horror do último instante...
De um reino que foi teu, não de Constança,
a de Castela, a das bodas com Espanha,
não — como tu — a das núpcias de sangue,
que bem convinham a uma rainha exangue.
Era uma vez um rei consigo a sós,
e o vento nas colinas de Estremoz.

V

EU ERA MOÇA, MENINA...

Eu era moça, menina, em meus paços
muito honrada, por nome Inês de Castro,
quando o vi no Mondego, inquieto e esgalgo,
a sitiar-me a fímbria das espáduas.
Era o infante meu primo, ajaezado,
o dinasta afonsino com seus gládios,
seus cães de fino faro em meu encalço
no afã de decifrar-me a foz do orgasmo.
Ele se veio a mim como quem sabe
que à fêmea apraz o macho sem alarde.
Nada pediu. Quis-me. Fiz-lhe a vontade.
E a sorte, bem sabeis, lançada estava
quando o vi no Mondego (e já era tarde
para o perdão de Portugal e o Algarve).

VI

INÊS E CONSTANÇA

Foi de Castela que vieram as duas
ao encontro do infante e do infortúnio:
Constança, a que jamais lhe aprouve à gula;
e a outra, que lhe coube como adúltera.
Vieram ambas de Castela: uma,
de alta linhagem e áulica luxúria;
e Inês, a de Galiza e coma ruiva,
também fidalga, mas de berço avulso.
E desde logo perceberam as duas
que dele ao todo não seriam nunca,
nem nesta terra nem em parte alguma,
nem como esposas nem rainhas suas:
a que desceu antes de sê-lo ao túmulo
e a que somente o foi quando defunta.

VII

O MATRIMÔNIO SECRETO

Bragança. Trás-os-Montes. Verdes vinhas.
Mas quando? Em que ano foi ou em que dia?
O infante à fé perjuro e a concubina.
Os Evangelhos. O lacaio. O bispo.
E empós foram esponsais quase em surdina:
o infante gago e a aia da rainha,
fiéis à maridança qual deviam
e aos filhos, três, que reis jamais seriam.
Que núpcias foram essas tão furtivas,
tão dúbias que sequer el-rei sabia
e ao próprio lembramento tão ariscas
como se o tempo não lhes fosse a espinha?
A esposa que lavraste em pedra e rito
Nunca a tiveste, infante. E o mais é mito.

VIII

AFONSO IV

Desvela o Tejo a efígie de um soldado
sob a lápide anônima das águas.
Vê-se-lhe a fronte pensa e ensimesmada,
mas à memória já lhe foge a imagem
dos campos de Castela e do Salado,
do mouro e do judeu, fogem-lhe os passos
do infante bígamo e do irmão bastardo,
da peste que lhe pôs o pus à cara.
Dói-lhe somente na lembrança a fala
de alguém que outrora lhe implorou piedade
e mísero degredo em terras d'África.
E em vez de IV Afonso foi Pilatos.
Lavou-lhe as mãos o Tejo, mas nas águas
Ouve-se ainda o adágio das adagas.

IX

MORTE DE INÊS

Foram dois, sim, que deles guardo a injúria,
sepulta neste pélago do mundo,
onde mais nada me apetece ou pulsa
e em vão meus lábios rezam a pedras mudas.
Sim, foram dois, eu sei, alfanje em punho,
que se soltaram contra mim, aduncos,
com garras de rapina e cenho duro
tão logo el-rei foi surdo às minhas súplicas
e à fala que lhe fiz entre soluços,
pondo ali de redor meus três miúdos.
À vista deles trespassou-me o gume
como um dilúvio de aguilhões e acúleos.
Que dor, infante, a de não mais ser tua!
E foi então que a noite me fez sua.

X

A IRA DO INFANTE

Inês é verme. É quanto basta. A terra
enfeza e ferve sob o enxofre e as fezes
das bestas cegas e o tropel dos cérberos
que a dor do infante escorraçou do inferno.
Da foz às serras, Douro acima, investem
as hordas da demência e do flagelo.
E tudo fede à cólera entre as vértebras
que rangem desde o Porto a Canaveses.
Arqueja Portus Cale genuflexo
sob os punhais de Pedro e Afonso em guerra.
A trégua implora Brites. E ei-los quietos.
Mas no ermo de si próprio o infante ofega:
há um tempo de perdão perante o céu,
e um tempo de vingança sobre a terra.

XI

A VINGANÇA

Entre o Cru e o Cruel sela-se o pacto
de permutarem os reis peninsulares
algozes que na Ibéria se acoitavam.
E foi assim que a Portugal tornaram
Pero Coelho e Álvaro Gonçalves.
Pergunta-lhes o rei se a degolaram,
mas ambos sobre o crime nada falam
— e Pedro, com enfado, diz que os matem.
Aos dois o coração foi arrancado:
a Pero, pelos peitos em pedaços;
ao outro, por um rombo nas espáduas.
Grunhiram como porcos os fidalgos,
enquanto o rei urrava por vinagre
e vinhas d'alho. Inês era vingada.

XII

VAI NUMAS ANDAS...

> ... *sempre o seu corpo foi per todo o*
> *caminho per antre çirios açesos.*
> Fernão Lopes, *Crônica de d. Pedro I*, cap. XLIV

Por entre a luz dos círios, sob a névoa,
navega o féretro de uma donzela.
Vai numas andas que os fidalgos levam
em lento périplo ao redor das glebas.
E voa assim por dezassete léguas
que entre Alcobaça e as serras se enovelam.
Vai leve o séquito em seu curso aéreo
ao som do réquiem que sussuram os clérigos.
Flameja a infanta sobre um mar de flechas
e nave adentro flui rumo à capela,
cerca de Pedro, que na pedra a espera
e em pedra a entalha da coroa aos pés.
Descansa, Inês, longe dos reis terrestres,
pois que outro reino agora te celebra.

XIII

INÊS, RAINHA PÓSTUMA

Estavas, linda Inês, póstuma e lívida,
como se a vida em ti não mais fluísse,
mas quem te contemplasse saberia
que eras enfim o nervo do conflito:
não tanto aquele que te fez a vítima
dos reis e das intrigas da península,
mas o que dentro de ti mesma urdiram
teu sangue abrupto e teu amor sem bridas.
Por isso é que o sossego não te cinge
nem te refreia o frêmito do instinto
que ainda fustiga o flanco de tuas cinzas.
Ali, na pedra, és de ti própria a epígrafe:
Princípio e fim da mísera e mezquinha
que despois de ser morta foy Rainha.

XIV

INÊS: O NOME

Inês é nome que se pronuncia
Para instigar ou seduzir prodígios,
é senha que as sibilas balbuciam
ao decifrar enigmas cabalísticos.
É mais do que isto: códice da língua,
raiz da fala, bulbo do lirismo.
É gênese da raça e do suplício,
arché do amor e substância prima.
É mais ainda: tálamo do espírito,
dessa alquimia de morrer em vida
e retornar na antítese do epílogo.
E quem disser que Inês é apenas mito
— mente. E faz dela inútil pergaminho.
E da poesia um animal sem vísceras.

*CINCO MOVIMENTOS
1982*

C'est aussi simple qu'une phrase musicale.

Rimbaud

I

Que amor é esse que, desperto, dorme
e quando acorda faz-se ambíguo sonho,
transfigurando o belo no medonho
e em noite espessa a vida multiforme?
Então amor é só o que suponho,
o que não digo por ser tão informe
que fôrma alguma lhe é jamais conforme
como este molde em que teimoso o ponho?
Será amor o que se esquiva à fala
ou à linguagem que o pretende claro?
E o que seria esse tremor mais raro
que ao aflorar parece que se cala?
Amor oblíquo que olha de soslaio,
mas que ilumina e queima como raio...

II

Que sabem os deuses desse amor terreno,
ungido de luxúria e de apetência,
que ofende como um fauno a transcendência
e que, conquanto humano, se quer pleno?
Que sabem eles do ácido veneno
que o ser absorve em lúdica demência
e em luz dissolve a trôpega existência
desse bicho da terra tão pequeno?
De nada sabem os deuses nem o inventam:
antes maldizem essa abissal loucura
dos que no amor se ferem e se atormentam,
e nele expiam a solidão mais dura...
Os que trocaram o céu pelos infernos
e, mais que os deuses, se fizeram eternos!

III

Eu vejo a face que não se desvela
e esconde atrás de si uma quimera,
uma infanta devassa e uma donzela,
um cetro, um astrolábio e uma galera.
Eu ouço a boca que o silêncio sela,
o mudo solilóquio de uma fera,
a voz que na garganta se esfacela,
o passo e a pulsação de uma pantera.
Eu sou a selva em que teus pés navegam,
o rio cujas águas te carregam,
o vento que te lambe à luz das trevas
e despe esse pudor que dentro levas.
Eu sou o que te sagra e te encarcera:
teu servo e teu senhor sobre esta esfera.

IV

Eu te amo tanto que esse amor assume
ambíguas formas de ancestrais criaturas:
ora é uma harpia que me vem a lume,
ora uma infanta entre órficas figuras;
aqui uma espádua de ondulante gume,
ali uma cunha de ósseas tessituras;
adiante um púbis que se alteia implume,
abaixo um tufo de ervas e nervuras.
Eu te amo assim como quem segue o rumo
de algo que rola para sempre ao fundo
em busca do que outrora lhe era o sumo
e agora, à superfície, é todo mundo.
E te amo além porque te sei perdida,
E mais te amara fosse eterna a vida.

V

Adeus, senhora, eis-me afinal batido.
O céu se encurva como um arco em riste
e arroja setas contra a fronte triste
de quem dentro de si tombou ferido.
Aqui deponho o engenho que não viste
e as armas desse embate enternecido
onde o que vence põe-se de vencido
e o que sucumbe ao seu triunfo assiste.
Nas mãos aperto o que restou comigo:
esse querer além do que é medida
e que do nada arranca a própria vida
para depois, a sós, morrer consigo.
Olho sem ver o que entre nós se finda,
E dói-me o ser como se o fosse ainda...

O GRIFO
1983-1986

A Cecília

*Não procureis qualquer nexo naquilo
que os poetas pronunciam acordados.*

Jorge de Lima, *Livro de sonetos*

A GARRA DO GRIFO

> *Tu le connais, lecteur, ce monstre délicat.*
> Baudelaire

Um grifo hediondo aos poucos se aproxima
e pousa a sua garra sobre o livro;
remexe nas imagens e nos signos,
e apaga-lhes a música e o sentido.

Depois aponta o bico para cima
e em fúria dilacera cada linha
em que a forma do fundo se avizinha
como algo que o nauseia e que o fascina.

Em seu híbrido olhar, o monstro exibe
as insígnias da infâmia e do suplício,
e em cada coisa e em cada ser imprime
o estigma da impotência mais indigna.

Desde o princípio ele entre nós se infiltra:
era um duende nas águas uterinas,
uma víbora na alma dos meninos,
um íncubo lascivo em meio às virgens.

Desde o princípio o grifo tudo arruína
— sonhos, idéias, êxtase, delírio —,
e até no poema a sua língua bífida
enfia em busca do que lhe é mais íntimo.

O que ele quer, enfim, o que o inebria,
mais do que a própria e resignada vítima,
é mais do que ela: é antes seu espírito
(o corpo é coisa iníqua e perecível),

sua vertigem de estar só contigo,
sua aposta no absurdo e no infinito,
seu dom de amor, sua esperança mítica
de regressar um dia ao paraíso.

Se o homem cria, ele o escarnece e pisa,
triunfante, entre os escombros da agonia.
Nada o extasia mais do que esse abismo
entre o que alguém almeja e o que conquista.

E assim a besta odiosa as garras finca
nas insondáveis páginas do livro,
quebrando aqui as vértebras do ritmo,
ali, o timbre oculto de uma rima.

Assim também nos ossos e na linfa,
onde ele vela à espreita da perfídia,
da imundície, da véspera de um crime
que o tornará mais pútrido e sublime.

A noite encobre a solidão e o livro.
Encolhe-se o animal nas entrelinhas,
e ri-se a sós de quem, por estar vivo,
faz da poesia um desafio e um risco.

ÁSPERA CANTATA

A Sérgio Pachá

É sobre ossos e remorsos
que trabalho. É sobre
pó calcário espinho cardo
que afio o escalpo. É
sobre tudo o que não presta
que vegeto, réptil,
em busca de uma vértebra,
um reflexo, uma aresta
que me devolvam a fala,
a face, a insânia, o pasmo.

É desse nada que me basto
e faço agora o meu repasto
— eu, poeta, que tresmalhei
as estrelas e ovelhas de meu Pai;
eu, vosso pastor, a quem Deus,
em sua ira e sapiência,
restituiu à crua consciência
de si mesmo, à de quem
se sabe apenas filho e herdeiro
do deserto, onde só medram
a profecia e a prece — lá,
onde floresce o que se nega
e que, alheio à própria sorte,
já não percebe nem escolhe
entre o que é a vida e a morte.

A infância a infância
— outro país, outra verdade...
Fluíam infantas pelas tardes
e os faunos eram ingênuos,
com seus fálus de açucena
e seus cascos de algazarra.

E havia sol e havia céu e havia pássaros!

E não havia a morte
que nos deste, nem a culpa
de sermos, quando somos, teu reverso,
nem o suplício nem a náusea nem o tédio
nem a morte que me deste, essa
de que vivo e me escarnece
à espera da festa
que há de ver-me
                    vítreo
frente aos vermes.

A AVE

A Per Johns

A grande ave jaz pousada
à esquerda de quem sobe. Sob os galhos
jaz pousada, à espreita de quem abre
os braços para o nada.
O bico em riste, a crista hierática,
a grande ave, qual esfinge, aguarda
quem venha decifrá-la. Jaz pousada,
senhora de suas asas e suas garras,
da sina que lhe cabe, do espaço
que a circunda. E após se alastra
no adro de sua paz imaculada.
Jaz o pássaro, farto
de estar em face, o olhar aberto,
sem vestígio de passado, sem nada
que o prenda ao tempo enclausurado.
À esquerda de quem sobe, sob os galhos,
em cada um dos sete patamares
da escada que se furta à sua guarda.

Jaz à espreita, quase ao tato
de quem virá para levá-la, de quem virá,
súdito ou vassalo, pé ante pé,
render-lhe a última homenagem, cumprir
o ritual de capturá-la. A grande ave,
pousada sob os galhos, aguarda

aquele que virá matá-la, para depois
aos poucos devorar-lhe a inútil alma
e a carne consumir-lhe palmo a palmo

(a carne vã que só lhe serve de carcaça).

CORPUS MEUM

A Marcus Penchel

De que me serve este corpo,
urna de gozo e desgosto,
este sarcófago de osso
e de carne em alvoroço?

De que me serve, se é oco
como fruto sem caroço
ou olho vítreo de morto
alheio à glória e ao desdouro?

De que me vale esta boca,
se a palavra é sempre pouca
e o sentido que a coroa
nada mais do que um engodo?

De que me servem, se trôpegos,
estes pés sem rumo ou pouso?
(Ó meus pés ágeis e sôfregos,
quem vos deixou tão sem fôlego?)

E estas mãos postas em rogo
de que me valem tampouco,
se as unge o visgo do nojo,
do circunlóquio e do logro?

E para que este rosto
— gasto, oblíquo, plúmbeo, torto —,
se a vertigem que o povoa
não é dele, sim de um outro...

Mas afinal é meu corpo,
nem gótico nem barroco,
algo mofino e salobro,
talvez até quase podre.

É meu corpo, esse colosso,
com seu esplêndido lodo,
seu *nevermore* e seu corvo,
seus prematuros horrores.

Dele fiz o que me coube:
cortei-lhe as asas do vôo,
dei-lhe o fel do desconsolo
e a maldição do retorno.

Ei-lo às vésperas da noite,
à chuva e aos ventos exposto,
qual espantalho sem miolo
ou estrita coisa à-toa,

pasto de vermes e moscas
que lhe degustam os livores.
Este corpo, este meu corpo...
Que a terra lhe seja fofa.

MORRER

Pois morrer é apenas isto:
Cerrar os olhos vazios
e esquecer o que foi visto;

é não supor-se infinito,
mas antes fáustico e ambíguo,
jogral entre a história e o mito;

é despedir-se em surdina,
sem epitáfio melífluo
ou testamento sovina;

é talvez como despir
o que em vida não vestia
e agora é inútil vestir;

é nada deixar aqui:
memória, pecúlio, estirpe,
sequer um traço de si;

é findar-se como um círio
em cuja luz tudo expira
sem êxtase nem martírio.

LIMBO

Ali está. Alheio às minhas mãos,
informe e pequenino, tão
indeciso, iluminado apenas
de sua pouca e solitária luz.
Dorme na sombra que o circunda,
como no fundo de um casulo. Ignora
ainda o que o povoa, sequer
sabe que existe. Ali perdura
à espera do ritmo, da música.
Estrelas, insígnias, leves partituras.
(Que ouvidos as escutam?)
Está li. Imóvel e silencioso,
a um passo da síncope e do gozo.
Ali está. Heráldico emblema
— o signo incógnito do poema.

TIGRE

Como um tigre. As garras e os caninos.
O dorso esguio, a fáustica pupila
— e toda essa geometria
elástica e volúvel do felino.
Como um tigre, não o de Blake
                              ardendo
nas florestas da noite, mas
uma besta em surdo desespero,
em sua cripta de vísceras e fibras.
Listras, uivos e mandíbulas.
Como um tigre. O espírito em vigília.
Solene, lúcido, inaudível.
O salto exato, nunca a esmo,
em busca do abismo, vítima
e tácito algoz de si mesmo.

MEU PAI

Eu vi meu pai nas franjas da neblina.
Eram tão frias suas mãos defuntas,
eram terríveis suas órbitas vazias.
Eu vi meu pai, a voz quase inaudível,
chamando-me ao seu colo desvalido
e a fronte me cingindo com um nimbo
de flores e de ramos já sem viço.
Eu vi meu pai. E ele sorria.
Os lábios se entreabriam como lírios
de alguma extinta e lívida ravina.
Seus pés imensos a distância percorriam,
e o que entre nós fora conflito e abismo
agora se fundia em íntimo convívio.
Eu vi meu pai. Vi-lhe a loucura, as tíbias
finas, o pigarro, o edema, a hipocondria.
E os cavalos, o baralho, o vinho.
Era ele, sim, não quem eu vira um dia
inútil e seráfico no esquife,
enfeitado de flâmulas e espinhos.
Eu vi meu pai. Era um prodígio
que encantava madonas e meninos,
e numa esfera aprisionara um grifo.
Eu vi meu pai. Era um dândi e um mendigo.
Foi-se embora à tardinha. O céu
se desfazia em púrpura e agonia.
Já se foi. Agora é lágrima e vertigem.

OFERENDA

Espáduas anchas
áulicas tranças
flancos em flama
ígneas ancas
alígeros pés
          frêmito luz
sob arcos e sóis,
aérea sois.

ESCARPA

Vem. É por aqui.
É por aqui a escarpa
onde te aguarda
a áspera escalada.
Nem relva nem regato,
tampouco uma árvore
que te agasalhe
ou solitário galho
cuja sombra magra
te sirva de mortalha.
Sequer um pássaro
(às vezes, mas é raro,
o ninho ensangüentado
de uma ou outra águia).
Apenas o calcário
da trilha que se arrasta,
pedregosa e escassa,
entre urtigas e cactos.

A esperança não importa,
nem o amor, nem a saudade
dos que te amaram
e ficaram lá embaixo.
Mas uma pedra te cabe
e hás de levá-la

até às bordas da escarpa,
mesmo que saibas
(e este é o caso)
que ela depois desaba
encosta abaixo,
e que ainda uma vez
e outra vez mais
te cabe apenas carregá-la
rumo ao topo ensolarado,
como se leva um fardo
(talvez o teu cadáver)
sobre o arco das espáduas.

Vem. É por aqui.
É por aqui a escarpa
que hás de galgar
em direção ao nada.

HINO À NOITE

Vem, Noite antiqüíssima e idêntica.
Fernando Pessoa

1

Tão incorpórea é a noite em meio aos teixos,
tão vaporosa ao toque de meus dedos
que mal lhe sinto as vértebras e os nervos
sob a epiderme a um tempo sórdida e soberba.
Ó noite tão diversa e todavia a mesma,
cravejada de infâmias e de estrelas,
urna antiqüíssima de enigmas e bruxedos,
refúgio dos demônios e dos deuses,
dos crimes sem perdão, do desespero,
das prostitutas, dos enfermos e dos bêbedos,
de tudo o que na treva mais espessa
navega em busca do naufrágio e do desterro;
te afago, ó noite, o negro e úmido pêlo,
como se acaricia uma pantera em êxtase,
e minhas mãos as franjas te tateiam
à procura de alguém e de mim mesmo,
de algo que trago na ânfora das veias,
por debaixo das unhas, no esqueleto,

mas que de mim se evola quando vejo
um outro que não sou e que se queixa
das fraudes que lhe imponho, dos trejeitos
que faço e me disfarçam nos espelhos.
Basta, ó noite! sepulta-me em teu berço
e deixa-me dormir junto ao pó sem herdeiros
dos que, perdidos, se exilaram no teu reino...

2

Vem devagar, ó noite, os passos em surdina,
as pálpebras cerradas e sombrio o instinto,
a fronte oculta e o pensamento ambíguo;
vem devagar e oblíqua como vinhas
quando éramos infantes e sabíamos
que tuas mãos de seda e de lascívia
vagavam pelo quarto, entre as cortinas,
à procura das nádegas das virgens
e do sôfrego púbis dos meninos.
E então dentro de nós iam-se abrindo
medusas e corolas de ancestrais origens,
informes gineceus cheios de espinhos,
andróginas regiões impressentidas
onde o prazer era uma anêmona fragílima,
uma alga que no abismo se movia
entre marismas e corais cujos matizes
homem nenhum haja talvez um dia visto!

Vem com teus véus, ó noite, infausta pitonisa
imersa no vapor do vinho e dos turíbulos,
nesse ofício de trevas cujas litanias
são como acordes de uma estranha liturgia

que desconhece o pai, o filho e o santo espírito,
e ecoa pelo claustro, entre as ogivas,
dentro dos nichos, sob as lápides antigas,
em meio às criptas e epitáfios da abadia,
onde em lugar dos mártires em agonia
o que se escuta é a súplica das ninfas,
a voz dos faunos e os anátemas da orgia...

Eu era apenas um menino e suas cismas,
sua alma em pânico e seu fáustico delírio,
seu lúdico pavor, sua melancolia,
seus traços sobre a areia movediça
de um jardim que na memória jaz perdido.
Eu era apenas um menino quando em mim
pousou a tua garra impiedosa de harpia.
E assim do céu se fez o inferno. E o paraíso
se ergueu como uma forca no alto do patíbulo.

Vem devagar, ó noite, e leva-me contigo.
O teu menino ainda está vivo: é um príncipe
que escreve fábulas, baladas, elegias.

E umas poucas canções sobre a glória e a ignomínia.

3

A noite é grande, e nela um pássaro flutua,
a crista em riste, a alma em fuga, as plumas
de uma alvíssima e litúrgica brancura,
a goela já sem voz, o bico adunco,
as asas distendidas no âmago das nuvens.
Um pássaro flutua, agônico e sem bússola,
um pássaro sozinho, ó noite, em busca
de ti, de tuas vísceras profundas,
da origem de si próprio, de um refúgio
que lhe recorde o ninho agora mudo
de onde o baniram as serpentes e os abutres.

A noite é grande, e nela um pássaro sucumbe
ao vitríolo do exílio e aos cravos da amargura,
à agonia da infância, tálamo insepulto,
às carícias da morte no ermo plenilúnio.
Um pássaro somente, um pássaro sem rumo,
à procura talvez do próprio túmulo,
do esquecimento derradeiro e ainda mais fundo
do que o profundo abismo que o circunda...

Ó noite, ó cálice de lívidos augúrios,
ó monja cujas mãos me tecem esta túnica
que trago sobre a pele e à pele me sutura
no linho de um sudário orgíaco e inconsútil,
vem sobre mim com tuas fêmeas e teus súcubos,
teus rouxinóis de sombra e tuas bruxas,
cai devagar sobre o meu corpo moribundo
e sê, como esse pássaro convulso, a última
ave que Deus ousou criar em suas cúpulas!

4

Eu te amo e te abomino, ó noite, ó taciturna
pantera que me lambe as úlceras e as rugas,
como fez Cristo a Lázaro defunto.
Ainda estou vivo e, em vida, te recuso
essa oferenda de piedade e de luxúria;
ainda estou vivo e não me cumprem essas núpcias
nem esse apelo que me fazes de outra tumba,
outras paisagens, outras várzeas mais fecundas,
outro consolo que não seja o deste mundo.
Vem devagar, vem sobre mim com tuas unhas,
rasga-me as têmporas que o tempo pôs de luto
e encara-me de frente, ó noite abrupta!

Quando arrancado for o selo do sepulcro,
não me lerás nos olhos uma só pergunta
nem me ouvirás da boca um único soluço.

PENÉLOPE:
CINCO FRAGMENTOS

Penélope, a mais sábia das mulheres, retorquiu: "Se és realmente uma deusa, se ouviste a voz de um deus, então conta-me também as provações do outro; acaso vive ele ainda em qualquer sítio e vê a luz do sol, ou já faleceu e está nas moradas do Hades?"

Homero, *Odisséia*, canto IV

I

Pois foi aqui, nestas areias,
entre estes íngremes granitos,
que o aprisionaste em tuas teias
de astutos fios infinitos.

Sim, foi aqui. Ele partira
de sua Ítaca nupcial.
Trirremes rumo a Tróia, a pira
dos deuses no ermo litoral.

Por três anos, da mesma lã,
fiaste em surdina a infinda tela.
Tudo era espera, ó tecelã!
No horizonte nem uma vela.

Agulha e linha, o teu destino
era o ir e vir daquele fio,
pêndulo amargo, áspero sino
vibrando inútil no vazio.

O que é de Ulisses, o Odisseu,
suspenso no arco das espumas?
O que é do herói, o que é do teu
esposo envolto pelas brumas?

Sob o penhasco que anoitece,
o som das ondas vai rolando.
Penélope tece e destece.
O mar é onde, o tempo é quando.

V

Só. Estou só. O mar que me circunda
é um dédalo de arcaicas escrituras,
de alígeras e esfíngicas criaturas
cujo perfil o azul do oceano inunda.
Meu rei se foi. Em que ânforas e agruras
agora, em desespero, ele se afunda?
Que ninfa o enfeitiçou, que água profunda
lhe enche de horror as órbitas escuras?
Ó doce e astuto Ulisses, tuas vinhas
sangram de dor, definham as espigas,
o ouro esfarela, enfezam as olivas
e a terra seca engole os bois que tinhas.
Só. Estou só. Tudo em redor esquece:
o olho que chora, a alcova, a mão que tece.

VOCÊ

A Joana

Você tem todas as cores
— azul, lilás, carmesim –
E dorme sempre ao meu lado,
Entre um bruxo e um querubim.

Você não muda; é assim:
ora se queixa, ora ri,
às vezes não diz palavra
e olha de banda pra mim.

Eu ganhei você um dia,
cheio de laços e fitas;
até guizos você tinha
na gola e nos borzeguins.

Eu pus você entre os livros,
junto às garrafas de vinho,
sob as urzes e as glicínias
que cresciam no jardim.

Mas aos poucos suas cores
foram ficando sem viço,
e a bruma, como um feitiço,
vestiu você de velhice.

Sob o verde pinheirinho
onde mil luzes cintilam,
vez por outra você brilha
mais até que o sol a pino.

Um dia (claro, é a vida)
você se irá de mansinho,
mas deixará, eu sei disso,
em minha carne um espinho.

É TÃO POUCO...

É tão pouco o que podes, quase tanto
quanto um menino na erma imensidão,
o corpo sem valia, a alma em abandono,
os pés suspensos no infinito, o rosto
em lágrimas, o opresso e frágil coração.
É tão pouco o que podes, muito menos
do que uma pálida e fugaz recordação
ou os músculos crispados e ofegantes
às bordas do penhasco que galgaste
no esforço de uma inútil ascensão.
É tão pouco o que podes, é sequer
o que outros, menos hábeis, poderão.
Ou nem isso, essa raiz que se atrofia,
essa migalha que esfarinha em tua mão,
essa flor que não floresce nem sucumbe,
esse pássaro implume, essa insepulta
e agônica semente que plantaste em vão.

A MORTE

A morte fecha o cerco.
Pouco a pouco o seu cheiro
se alastra em labaredas
e gruda-se aos afrescos,

ao mármore, aos tapetes,
às úmidas paredes,
às cinzas da lareira,
à poeira das gavetas.

A morte e seu cortejo
de esgares e trejeitos,
de seráficos dedos
cruzados sobre o peito.

A morte, essa abadessa
que vela desde o berço
e que, pontual e neutra,
é a única certeza.

Ela espia, o olho aceso,
sua álgida colheita:
são milhares de alqueires
em que o homem a semeia.

Ninguém lhe abre o segredo:
é o fim? Será o começo?
Não há nenhum espelho
que a mostre por inteiro.

Inútil que lhe dês
convite ou endereço;
ela há de estar à mesa
de tua última ceia,

esquiva às guloseimas
e a tudo o que não seja
teu híspido esqueleto
servido na bandeja.

A morte fecha o cerco.
Há em tudo um gosto acerbo
de ossos e veias secas.
A vida sabe a pêsames.

GATO

Vai e vem. O passo
deixa no soalho,
menos que um traço,
um fio escasso
de ócio e borralho.

Clara é a pupila
onde não chove
e que, tranqüila,
no ermo cintila,
mas não se move.

A pose é exata
a de uma esfinge:
da cauda à pata,
nada o arrebata
ou mesmo o atinge.

Aguça o dente,
as unhas lima:
brinca, pressente
— e, de repente,
o pulo em cima.

A voz é como
sussurro de onda;
infla-lhe o pomo,
túmido gomo
que se arredonda.

Lúdico e astuto,
eis sua sorte:
alheio a tudo,
olha sem susto
o tempo e a morte.

VOZES

Ouço vozes. Serão anjos
ou inóspitos demônios
cujos cânticos ecoam
no exílio em que me suponho?

Ouço vozes, vêm de longe,
em meio às névoas do sonho,
como sons em abandono
ou frêmitos de uma fronde.

Ouço vozes tão sem dono,
tão antigas que me assombra
haja boca que as derrame
como ondas de algum oceano;

vozes nômades e anônimas
que na penumbra se alongam
à procura de um idioma
capaz de erguê-las à tona

ou de arrancá-las ao sono
que as esconde, vago biombo,
por detrás de uma verônica
de solidão e de sombra.

São de reis ou de madonas?
De um trono sujo de sangue?
Do poeta que uniu seu nome
aos rios de Babilônia?

Ouço vozes numa concha
que se abre às margens da insônia,
por entre as rugas da fronha
e as que me sulcam a fronte;

são fugazes, quase agônicas,
ora tíbias e recônditas,
ora bruscas como o estrondo
de uma porta que se arromba.

Serão de agora? São de ontem?
Não seriam, quando assomam,
indistintos semitons
de um futuro contraponto?

De onde vêm? De alguma fonte
que sussurra ao pé de um cômoro?
Virão talvez de Sodoma?
São de mulher? Serão de homem?

Ouço vozes. São cegonhas
que pousam sobre meus ombros,
onde outrora elfos e gnomos
celebravam seus encontros.

Será que as ouço ou é como
se lhes ouvisse a peçonha
que às vezes, súbito vômito,
em sua cela ouve um monge?

Ouço vozes. Não são anjos
nem tampouco são demônios:
sou eu que me escuto ao longe
do fundo de meus escombros.

NÃO VIRÁ

Quando virá? Não virá nunca.
Será sempre a garra adunca
encravada em minha nuca.
Será sempre essa verruma
que a memória me perfura
e o pensamento me empurra
para o túmulo da dúvida.
Será, não o sol, mas a chuva
cujas gotas caem mudas
sobre o inútil latifúndio
onde tudo enfeza e murcha.
Será a alma na penumbra,
alheia ao êxtase e ao júbilo,
sobre si dobrada em ruga
e atenta apenas ao curso
do tempo e de suas curvas,
desse rio em cujo fluxo
somente uma vez mergulhas.
Será talvez, quando muito,
essa espera taciturna,
essa volúpia da luz
que soluça ao fim de um túnel

jamais percorrido a fundo.
Não virá, não virá nunca.
E lá estarás, ao crepúsculo,
sem esperança nenhuma,
o rosto absorto, mediúnico,
sem mover sequer um músculo.

CANÇÃO

Porque pedes, trago flores
e derramo-as em teu leito,
sobre teus úmidos pêlos,
entre os gomos de teu seio.

Porque pedes, planto flores
em lugar do desespero
e mudo os tons da palheta
do negro para o vermelho.

Porque pedes, colho flores
até na escarpa mais erma,
nos desertos onde a seca
mostra a vida pelo avesso.

Porque pedes, ponho flores
nos tetos e nas paredes
e são elas, não as letras,
que dão sentido ao que escrevo.

Porque pedes, deito flores
às ondas de teus cabelos
e elas faíscam — estrelas —
no pélago em que as semeio.

ESTIVE AQUI

I have been here before,
But when or how I cannot tell.

Dante Gabriel Rossetti

Estive aqui. Por entre os ramos,
um sopro diáfano de sândalo
trazia a imagem das infantas
que ao sol banhavam suas tranças.

Estive aqui, bem sei. Foi quando,
aos pés do riacho e da montanha,
o vale imerso em névoa branda,
já pressentíamos que a infância

não era mais que um ditirambo,
o som fugaz de uma pavana
tão subterrânea quanto a lama
que flui nas vísceras de um pântano.

Estive aqui. Não foi há tanto
que tão difuso na lembrança
ficasse o barro desses cântaros
ou o perfume dos crisântemos.

À noite líamos. A chama
das velas nos tornava estranhos
como figuras de um romance
a que faltasse a própria trama;

à noite, absortos na varanda,
longe da cólera e da infâmia,
víamos ambos, entre os anjos,
vagas estrelas leopardianas,

e assim do céu toda a semântica
íamos lentos decifrando,
como quem segue a caravana
de seu ignoto e obscuro sangue.

Estive aqui. Terá sido antes
do que imagino? Ou foi engano,
falácia talvez, erro humano?
Quem sabe o sonho de uma criança?

Ecos sombrios na distância,
teclas sonâmbulas de um piano,
timbre antiqüíssimo e tirânico
de um rio em busca do oceano...

Éramos poucos. Os relâmpagos
Se contorciam — salamandras —,
dilacerando-nos os flancos
com o cristal de suas lâminas.

Havia a treva, o pasmo, o pânico.
O olho fosfóreo das tarântulas.
O chá de lírios nas tisanas.
E — súbito — o apagar das lâmpadas.

*A SAGRAÇÃO
DOS OSSOS
1989-1994*

A Antônio Houaiss, *magister*

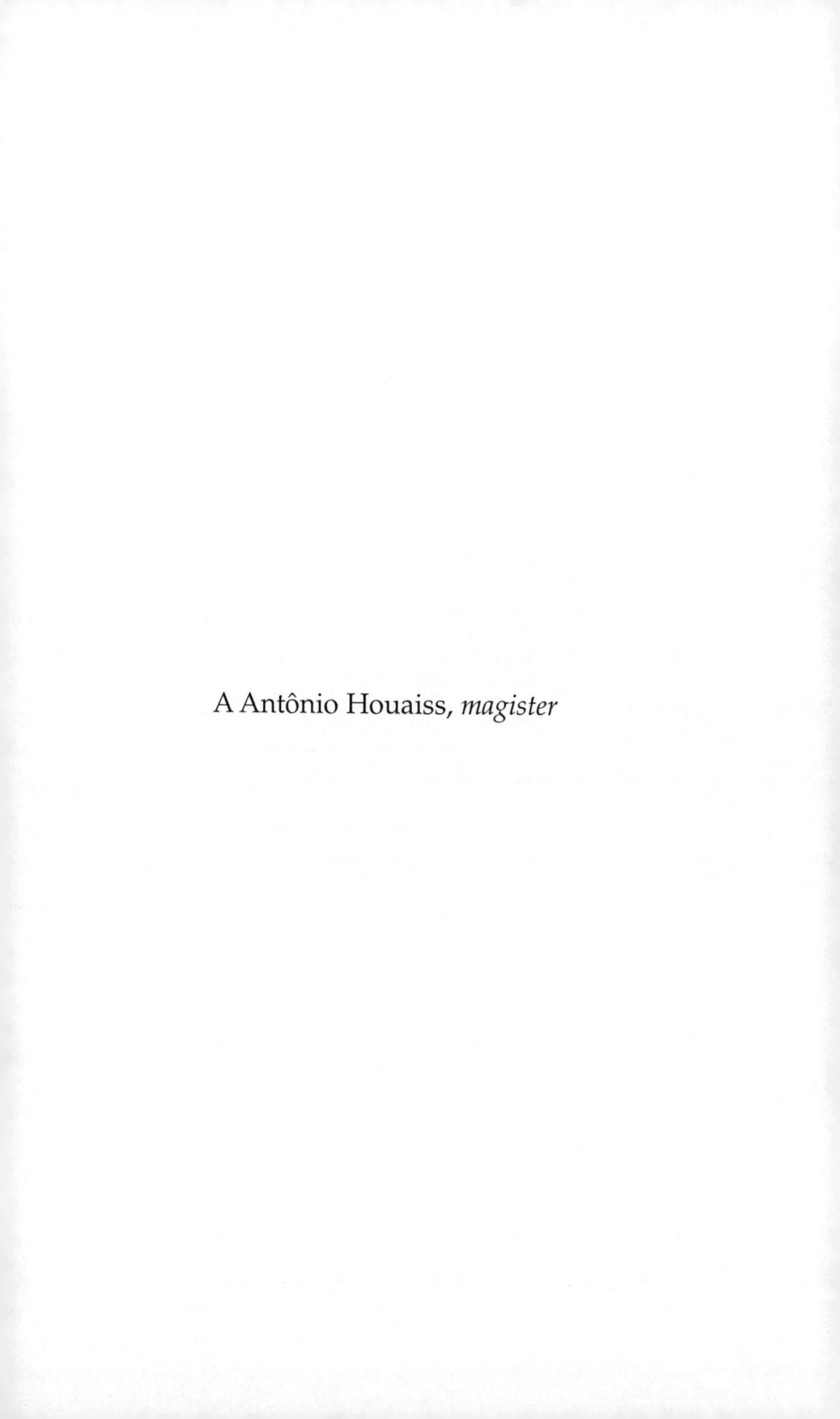

Ubi sunt qui ante nos in hoc mundo fuere?
Tópica medieval

Let the whiteness of bones atone to forgetfulness.
T. S. Eliot, *Ash-Wednesday*, II

ONDE ESTÃO?

> *Partimos cuando nacemos,*
> *andamos mientras vivimos,*
> *y llegamos*
> *al tiempo que fenecemos;*
> *así que cuando morimos*
> *descansamos.*
>
> Jorge Manrique, *Coplas por la muerte de su padre*, V

Onde estão os que partiram
desta vida, desvalidos?
Onde estão, se não ouvimos
deles sequer uma sílaba?

Onde o pai, a mãe, a ríspida
irmã que se contorcia
sob a névoa dos soníferos
e a gosma da nicotina?

Ou bem a outra, a quem víamos
trincar, crispada, os caninos,
banhada em sangue e saliva,
no espasmo agudo das fibras?

Onde o riso dos meninos
que entre as folhas se escondiam
como pássaros nos ninhos,
ermos de infâmia ou malícia?

Onde a lúbrica menina
cujas coxas se entreabriam
à gula dos que sabiam
tocar-lhe os veios mais íntimos?

Onde, enfim, toda a família
que se desfez qual farinha
por entre as mós antiqüíssimas
de algum oculto moinho?

Onde estão os que seguiram
seus inóspitos caminhos
ou sendas que, mais propícias,
desaguaram no vazio?

Onde os bens, a glória, a insígnia,
se tudo o que aqui se vive
reverte empós aos jazigos
e lá, sob o pó, esfria?

Poder, riqueza, honraria
são como a areia dos rios:
retinem, fluem, cintilam.
E se esvaem, sem valia.

Nômades de ásperas trilhas,
andamos mientras vivimos,
até que a morte, em surdina,
nos deite as garras de harpia.

E tudo afinal se finda
sem cor, sem luz, sem martírio;
así que cuando morimos,
de nós mesmos nos sentimos

tão distantes quanto as cinzas
de uma estrela que se extingue
na goela azul dos abismos.
E ninguém, nem Deus, nos lastima.

O ENTERRO DOS MORTOS

A Ferreira Gullar

Não pude enterrar meus mortos:
baixaram todos à cova
em lentos esquifes sórdidos,
sem alças de prata ou cobre.

Nenhum bálsamo ou corola
em seus esquálidos corpos:
somente uma névoa inglória
lhes vestia os duros ossos.

Foram-se assim, nus e pobres,
sem deixar feudo ou espólio,
ou mesmo uma ínfima jóia
que lhes trouxesse à memória

o frágil brilho de outrora,
quando lhes coube essa sobra
que Deus larga pouco importa
nas mãos de quem caia a esmola.

Passo a passo, vida afora,
sempre os vi em meio às górgonas
da loucura cujo pólen
lhes cegou a alma e os olhos.

Não pude enterrar meus mortos.
Sequer aos lábios estóicos
lhes fiz chegar uma hóstia
que os curasse dos remorsos.

Quero esquecê-los. Não posso:
andam sempre à minha roda,
sussurram, gemem, imploram
e erguem-se às bordas da aurora

em busca de quem os chore
ou de algo que lhes transforme
o lodo com que se cobrem
em ravina luminosa.

LADAINHA

Pois agora que estais
sob essas tábuas frias
entre os vermes da terra
e os cravos da agonia;

agora que a lembrança
da carne se esfarinha
e o pó vos tinge as tíbias
no fundo do jazigo;

agora que dormis,
no jardim das delícias,
esse sono sem fim
que dormem os espíritos;

agora que jazeis
alheios ao suplício
em que se consumiu
vossa esquálida vida

— agora é que vos choro
junto à lápide estrita
da eterna desvalia.
Amém. Amém vos digo.

OSSOS

Sois como os ossos
que me restaram
(das rusgas ouço
somente o prólogo).

Se havia acordo,
não me recordo...
Havia choro
atrás das portas,

úmidos poros
sob os lençóis,
ásperos olhos,
nervos à mostra.

Se havia histórias
e outros espólios,
dormem agora
em algum cofre.

E ali, à volta
da mesa posta,
éramos órfãos
como os apóstolos.

Sobre o teu colo,
estrelas, fogos
e a lente grossa
dos velhos óculos.

Havia em nós
algo de mórbido,
talvez um código
de escárnio e cólera.

E assim o córrego
lento das horas
fluía anódino
dentro dos ossos.

Mas dia houve
em que, despóticas,
se ergueram vozes
de angústia e morte.

O pai sem glóbulos
e as três à borda
daquele imóvel
corpo incorpóreo...

Tornei-me o algoz
do filho pródigo.
Rezei por vós.
E fui-me embora.

POÉTICA

A arte é pura matemática
como de Bach uma tocata
ou de Cézanne a pincelada
exasperada, mas exata.

É mais do que isso: uma abstrata
cosmogonia de fantasmas
que de ti lentos se desgarram
em busca de uma forma clara,

da linha que lhes dê, no espaço,
a geometria das rosáceas,
a curva austera das arcadas
ou o rigor de uma pilastra;

enfim, nada que lembre as dádivas
da natureza, mas a pátina
em que, domada, a vida alastra
a luz e a cor da eternidade,

tal qual se vê nas cariátides
ou nas harpias de um bestiário,
onde a emoção sucumbe à adaga
do pensamento que a trespassa.

Despencam, secas, as grinaldas
que o tempo pendurou na escarpa.
Mas dura e esplende a catedral
que se ergue muito além das árvores.

O POEMA

Que será o poema,
essa estranha trama
de penumbra e flama
que a boca blasfema?

Que será, se há lama
no que escreve a pena,
ou lhe aflora à cena
o excesso de um drama?

Que será o poema:
uma voz que clama?
Uma luz que emana?
Ou a dor que o algema?

E SE EU DISSER

E se eu disser que te amo — assim, de cara,
sem mais delonga ou tímidos rodeios,
sem nem saber se a confissão te enfara
ou se te apraz o emprego de tais meios?
E se eu disser que sonho com teus seios,
teu ventre, tuas coxas, tua clara
maneira de sorrir, os lábios cheios
da luz que escorre de uma estrela rara?
E se eu disser que à noite não consigo
sequer adormecer porque me agarro
à imagem que de ti em vão persigo?
Pois eis que o digo, amor. E logo esbarro
em tua ausência — essa lâmina exata
que me penetra e fere e sangra e mata.

ÚLTIMAS PALAVRAS

Eis enfim o que expressa
a boca que se fecha:
uma praga, uma prece,
algo de ermo e secreto,
o asco aos vermes do verbo.

TERZINAS PARA DANTE MILANO

ché in la mente m'è fitta, ed or m'accora
la cara e buona imagine paterna
di voi, quando nel mondo ad ora ad ora
m'insegnavate come l'uom s'eterna:
e quant'io l'abbia in grado, mentr'io vivo,
convien che nella mia lingua si scerna.

Dante Alighieri, *Inferno*

Vejo o teu vulto imerso na neblina,
a fronte austera, o olhar inquieto e agudo,
desperto o pensamento, a boca fina,

como se nela o verso, embora mudo,
de graves timbres se tornasse pleno
e assim, mesmo sem voz, dissesse tudo.

Vejo essas mãos nodosas, de ar terreno,
compor à sombra a música de um hino
que jamais escreveste: esquivo aceno

de quem saúda, em gesto florentino,
tudo o que o ser consigo traz de eterno
— a morte, o amor, o sonho, o árduo destino.

E vejo mais: as sílabas do inferno
que em teus lábios crispados se torciam
como se torce o fogo à luz do inverno.

E vejo, vejo ainda, quanto ardiam
nos olhos teus aquelas flamas nuas
que nem os velhos deuses saberiam

como apagar, ou se eram mesmo tuas,
tal qual alguém, que de si próprio ausente,
súbito a alma repartisse em duas.

E mais do que isso, vejo agora à frente
o abismo a que desceste desde a origem:
essa busca do ser, essa fremente

paixão da lucidez, verde vertigem
de se arriscar sem guia à selva escura
no encalço do que ali fosse mais virgem.

Assim, teu verso, alheio a essa impostura
da fama e das seletas confrarias
nas quais ao pó o mofo se mistura.

Mas o que vejo, enfim, além das frias
lembranças que me restam na memória,
é mais que o sol e o céu daqueles dias,

quando na serra se escrevia a história
de um discípulo em busca de seu mestre
e a desse mestre avesso à pompa e à glória.

E foi lá, entre esfíngico e campestre,
que me ensinaste a ver como o homem pode
tornar-se eterno sendo o que é, terrestre.

E é por isso que agora me sacode
esse tremor que aos poucos vai tomando
a vagarosa forma de uma ode,

ou de algo informe que, rugindo e urrando,
procura entre as palavras somente uma
capaz de celebrar-te o engenho, quando

não fores sobre a escarpa mais que a bruma
e de ti não restar senão um nome
que há de afogar-se sob os pés da espuma.

O beco, os reis, a gruta — tudo some
no silêncio e no azul da eternidade.
Sob a lápide dormes. Não tens fome

de nada o que não seja essa saudade
das mulheres que amaste em tua vida
e do sonho fugaz da realidade.

Vagueiam sombras na erva desvalida
cujos dedos te afagam com doçura
e te abençoam a alma dolorida.

"Aqui jaz", leio em tua sepultura.
Mas nada ali recorda a tua morte
nem teu exílio em gleba tão escura.

A tumba é amiúde ambígua, de tal sorte
que nela estás e não estás sepulto.
(Quem poderia, aliás, tendo o teu porte,

ali permanecer, umbroso e oculto?)
Já não és relva nem raiz nem terra,
mas tão-somente a luz de um vago vulto

que se move, sutil, no ermo da serra
em busca da mais funda solidão
e de tudo o que a morte não enterra.

Descansa, ó poeta. Aperto em minha mão
o que me deste: esse íntimo segredo
que me fez teu herdeiro e teu irmão.

E o resto é o vento no áspero rochedo.

ESPELHO

O duro espelho me reflete:
olhos míopes que pouco enxergam,
lábios que muita vez se cerram,
rugas que me entalham a testa,

as pernas magras, talvez lerdas,
as mãos ossudas e irrequietas,
a barba cujo fio enfeza,
os pés que percorreram léguas.

E tudo mais que dele emerge,
de muito pouco ou nenhum préstimo,
pois logo no aço o tempo — úmida névoa —
dissolve os traços mais perpétuos.

Mas algo de mim, certa inépcia
para entender o que me cerca,
ali se furta ao olho pérfido
de quem se crê o seu intérprete.

E não só: sequer uma réplica
da luz que em mim sucumbe à treva
no álgido espelho reverbera
ou deixa um risco de seu périplo.

Algo de mim: remorsos, répteis,
algum antigo e inútil verso,
a alma de um rei que, sem remédio,
se consumia na quimera

de submeter servos e glebas,
mas que findou seus dias déspotas
em meio às moscas da taverna
e ao pouco pó de algumas vértebras.

Todo esse lodo e essa miséria...
E deles sequer um reflexo,
como se o espelho, mais que o inferno,
lhes recusasse alívio ou crédito.

Olho-me ali, e nem o espectro
de quem sou (ou fui) se revela;
vejo-lhe apenas a epiderme,
mas não o fundo, que é secreto.

A MORTE

A Ivo Barroso

A morte é um cavalo seco
que pasta sobre o penedo;
ninguém o doma ou esporeia
nem à boca lhe põe freios.

À noite, sob o nevoeiro,
é que flameja o seu reino:
não o da luz que viu Goethe
ao cerrar os olhos ermos,

mas o da espessa cegueira,
o dos ossos no carneiro
e o da carne atada às teias,
sem alma que se lhe veja.

Ouço-lhe os cascos de seda:
são tão fluidos quanto a areia
que escorre nas ampulhetas
ou o sangue no oco das veias.

A morte escoiceia a esmo,
sem arreios ou ginetes;
não tem começo nem termo:
é abrupta, estúpida e vesga,

mas te embala desde o berço,
quando a vida, ainda sem peso,
nada mais é que um bosquejo
que a mão do acaso tateia.

Na treva lhe fulge o pêlo
e as crinas se lhe incendeiam;
em cada esquina ela espreita
quem há de tanger ao leito,

e ninguém lhe escapa ao cepo:
tiranos, mártires, reis
ou até antigos deuses,
por mais soberbos que sejam.

Embora só traga o preto
em seu corpo duro e estreito,
com ângulos que semelham
os de um áspero esqueleto,

a morte é estrito desejo:
deita-se lânguida e bêbeda
à lenta espera daquele
que a leve, sôfrego, ao êxtase.

NO LEITO FUNDO

No leito fundo em que descansas,
em meio às larvas e aos livores,
longe do mundo e dos terrores
que te infundia o aço das lanças;

longe dos reis e dos senhores
que te esqueceram nas andanças,
longe das taças e das danças,
e dos feéricos rumores;

longe das cálidas crianças
que ateavam fogo aos corredores
e se expandiam, quais vapores,
entre as alfaias e as faianças

de tua herdade, cujas flores
eram fatídicas e mansas,
mas que se abriam, fluidas tranças,
quando as tangiam teus pastores;

longe do fel, do horror, das dores,
é que recolho essas lembranças
e as deito agora, já sem cores,
no leito fundo em que descansas.

SÓTÃO

De tudo ficou um pouco.

Carlos Drummond de Andrade

De tudo há um pouco no sótão:
bonecas, fórmulas, fotos,
certidões, velhas apólices,
vapores, dracmas, sarcófagos,
indecifráveis hieróglifos,
frascos de ópio, trechos de ópera,
camafeus fantasmagóricos,
miasmas, atestados de óbito...

Do pai, o pôquer e a aposta;
da mãe, o esplendor estóico;
de uma irmã, o infausto pólipo;
da outra, a loucura e a cólera.
E dos demais, os que sobram,
a sombra exígua e disforme
que se enrosca aos tíbios ossos
de uma árvore genealógica.

De tudo há um pouco: que importa
seja um triste e estrito espólio
ou, pior, o dobre monótono
de algum arcaico relógio?
Quem sabe a mão que, por sóbria,

não ousou bater à porta?
Ou essa boca impiedosa
que jamais se abriu a um ósculo?

De tudo há um pouco no sótão,
mas nada o que ali se possa
comparar à imagem órfã
de quem de si se fez hóspede
e exilou-se em sua órbita.
Nela, mesmo que se lhe olhe,
não se vê senão o invólucro
de um sopro que se evapora.

OCTAVUS

Meu filho sobe a escada.
Seu passo é miúdo e rápido;
a voz, quase *cantabile*,
voz de pássaro, álacre.
As mãos logo se esgalham
e os dedos, duendes frágeis,
bailam sobre o teclado.
Ou então, com seu lápis,
conjuga cores e imagens.
Leva sempre nos braços
uma esfera terráquea
de que emergem, fugazes,
rios, montes e várzeas.
Meu filho é artista ou mágico?
Todos sabem que traça
tais enigmas no espaço
de que os sábios se pasmam,
e uma vez, sobre o mapa,
perguntou-me, intrigado,
se era em Samos a casa
em que viveu Pitágoras.
Ora fala, ora cala.
E adormece entre as fadas
sob um lençol de lágrimas.
Dos que já fiz, é o quarto,
mas só o chamam de oitavo.

ESSE PUNHADO DE OSSOS

A Moacyr Félix

Esse punhado de ossos que, na areia,
alveja e estala à luz do sol a pino
moveu-se outrora, esguio e bailarino,
como se move o sangue numa veia.
Moveu-se em vão, talvez, porque o destino
lhe foi hostil e, astuto, em sua teia
bebeu-lhe o vinho e devorou-lhe à ceia
o que havia de raro e de mais fino.
Foram damas tais ossos, foram reis,
e príncipes e bispos e donzelas,
mas de todos a morte apenas fez
a tábua rasa do asco e das mazelas.
E ali, na areia anônima, eles moram.
Ninguém os escuta. Os ossos não choram.

ASSUSTA-ME ESSA INÓSPITA BRANCURA

Sur le vide papier que la blancheur défend.

Mallarmé

Assusta-me essa inóspita brancura
com que o mudo papel me desafia.
Assustam-me as palavras, a grafia
dos signos entre os quais ruge e fulgura,
como um rio que escava a pedra dura,
a expressão de quem busca, em agonia,
o sentido da fáustica e sombria
angústia de que o ser jamais se cura.
Assombram-me as medusas da loucura,
as pancadas no crânio, a garra fria
que a morte deita em nós qual uma harpia
sedenta, odiosa, hedionda, infausta, escura.
Assusta-me a algidez da terra nua
que é a nossa única herança: a minha e a tua.

O PODER

Eis o poder: seus palácios
hospedam reis e vassalos,
messalinas, pajens glabros,
eunucos, aias, lacaios,
e até artistas e ratos.

Uma só migalha basta
à sordícia que se alastra,
e pronto surge uma talha
onde o cenário é lavado
para o próximo espetáculo.

O poder é assim: devasta,
corrompe, avilta, enxovalha,
do reles pároco ao papa,
e não há um só que escape
ao seu melífluo contágio.

Se alguém o nega ou o afasta,
compram-no logo, à socapa,
a peso de ouro ou de prata.
E se acaso não o fazem,
mais simples ainda: matam-no.

Tem o poder muitas faces:
a que se crispa, indignada,
a que te olha de soslaio,
a que purga e chega às lágrimas,
a que se oculta, enigmática.

Mas são apenas disfarces,
formas várias que se esgarçam,
por entre véus e grinaldas,
porque assim vertem mais fácil
o vitríolo em tua taça.

E tu, rei de Tule, aos lábios
leva sempre, ávido, o cálice,
não por amor nem saudade
de quem se foi, entre as vagas,
de um castelo à orla do mar,

mas só porque, embriagado,
são de engodo as tuas asas
e de cobiça os teus passos,
que vão aquém das sandálias
e se arrastam rumo ao nada.

O poder é aquele pássaro
que te aguarda sob os galhos.
Tudo ele dá, perdulário.
De ti quer apenas a alma.
Por inteiro. Ou a retalho.

ROSTO

Teu rosto em fuga na vidraça
é uma gota que escorre devagar,
tão devagar que o tempo, avaro,
sequer ensaia um magro passo.
Uma gota que cai, sem lastro,
leve como a asa de um pássaro,
mas tão repleta de presságios
que sinto o fio de uma adaga
rasgar-me a carne das ilhargas.
Por que, às vésperas do nada,
a alma desperta, arrebatada?

MANHÃ

A Per Johns

A manhã lavada é uma crisálida
no pálido amarelo das acácias.
Na orla da lagoa vagam as garças,
e o vapor se alastra rente às águas.
Longe um pescador lança a tarrafa
sobre o cardume em ziguezague.
A infância é uma canoa que naufraga
e a bordo não traz senão fantasmas.
Dói nos olhos a alvura das praias.
No altar dos gravetos em brasa
o peixe se contorce, mas não assa:
é apenas uma insígnia eclesiástica.

TESTAMENTO

Sem trilhas no labirinto,
solitário, a passo lento,
leio o infausto testamento
de um infante agora extinto.

O que ensina esse lamento
a quem o escuta e, faminto,
só o aprende à luz do instinto,
e nunca à do entendimento?

Não será acaso o vento
o que nas vértebras sinto?
Ou será que apenas minto,
e mente-me o pensamento?

Não há dor nem sofrimento
no que leio, mas consinto
em que ali tudo está tinto
do mais fáustico argumento:

não o aroma do jacinto
nem a paz do esquecimento,
mas o grifo que, violento,
verte o verde do absinto.

TALVEZ O VENTO SAIBA

Talvez o vento saiba dos meus passos,
das sendas que os meus pés já não abordam,
das ondas cujas cristas não transbordam
senão o sal que escorre dos meus braços.
As sereias que ouvi não mais acordam
à cálida pressão dos meus abraços,
e o que a infância teceu entre sargaços
as agulhas do tempo já não bordam.
Só vejo sobre a areia vagos traços
de tudo o que meus olhos mal recordam
e os dentes, por inúteis, não concordam
sequer em mastigar como bagaços.
Talvez se lembre o vento desses laços
que a dura mão de Deus fez em pedaços.

PALIMPSESTO

A Antonio Carlos Secchin

Eu vi um sábio numa esfera,
os olhos postos sobre os dédalos
de um hermético palimpsesto,
tatear as letras e as hipérboles
de um antiqüíssimo alfabeto.
Sob a grafia seca e austera
algo aflorava, mais secreto,
por entre grifos e quimeras,
como se um código babélico
em suas runas contivesse
tudo o que ali, durante séculos,
houvesse escrito a mão terrestre.
Sabia o sábio que o mistério
jamais emerge à flor da pele;
por isso, aos poucos, a epiderme
daquele códice amarelo
ia arrancando como pétalas
e, por debaixo, outros arquétipos
se articulavam, claras vértebras
de um esqueleto mais completo.
Sabia mais: que o que se escreve,
com a sinistra ou com a destra,
uma outra mão o faz na véspera,
e que o artista, em sua inépcia,
somente o crê quando o reescreve.

Depois tangeu, em tom profético:
"Nunca busqueis nessa odisséia
senão o anzol daquele nexo
que fisga o presente e o pretérito
entre os corais do palimpsesto."
E para espanto de um intérprete
que lhe bebia o mel do verbo,
pôs-se a brincar, dentro da esfera,
com duendes, górgonas e insetos.

QUANDO SOLENE E AGUDO

Quando solene e agudo eu te penetro,
mais agudo que o gume de uma adaga,
e à tua ilharga, que de suor se alaga,
me enlaço como quem se abraça a um cetro,
e lambo a tua espádua que naufraga
sob o sêmen fugaz com que perpetro
em ti o que não falo ou mal soletro
tal o peso do pasmo que me esmaga,
sou como um rei na cripta de uma vaga
cuja espuma engalana cada imagem
ou palavra que ruge na voragem
das páginas sagradas desta saga.
Quando me afundo em ti, útero adentro,
como Deus, numa esfera, estou no centro.

SAPATOS

A Cícero Sandroni

Descalço agora estes sapatos
(e os pés que neles deambularam).

Cheios de pó, gastos, cambaios,
são como agônicos andrajos

que vieram dar, pálidos náufragos,
à areia anônima das praias,

tão ignotos quanto as mensagens
que dormem no oco das garrafas,

dessas que se arrojam de um barco
cujo casco, exausto, faz água.

Mas vede bem: quando eram ágeis,
por muitas léguas se arrastaram,

e viram rios, várzeas, oásis,
talvez até fluidas miragens.

Viram reis, súcubos e mártires,
como Simeão das colunatas.

Galgaram íngremes escarpas
e caracóis de árduas escadas.

Pacientaram, mudos vassalos,
na solidão das ante-salas,

onde ninguém nunca os olhava,
fosse o mais ínfimo lacaio.

Vagaram por ruas e estradas,
dormiram em bancos de praça,

abrigaram sórdidos calos
e, muita vez, fétidas chagas.

Treparam às bordas de um catre
onde, por ingênuos, julgaram

haver alguém que os aguardasse
para a glória e o êxtase do ato.

Faltavam-lhes brilho e cadarços,
mas lhes sobrava itinerário,

e apesar disso nem um mapa
lhes acusa um único passo.

Houve uma época, mais rara,
em que, embriagados, bailaram,

mas era parco aquele palco
e ambíguo o compasso da valsa.

Foram, heróicos, às batalhas
nas quais se disputava o nada.

E nada trouxeram das valas,
exceto uns artelhos quebrados.

Hoje esquecem, trôpegos párias,
sob os cupins de um velho armário.

A SAGRAÇÃO DOS OSSOS

A Bruno Tolentino

Considerai estes ossos
— tíbios, inúteis, apócrifos —
que sob a lápide dormem
sem prédica que os conforte.

Considerai: é o que sobra
de quem lhes serviu de invólucro
e agora já não se move
entre as tábuas do sarcófago.

Dormem sem túnica ou toga
e, quando muito, um lençol
lhes cobre as partes mais nobres
(as outras quedam-se à mostra,

não dos que estão aqui fora,
mas dos ácidos que os roem
ou do lodo que lhes molha
até a polpa esponjosa).

De quem foram tais despojos
tão nulos e sem memória,
tão sinistros quanto inglórios
em seu mutismo hiperbólico?

Onde andaram? Em que solo
deitaram sêmen e prole?
Foram químicos, astrólogos,
remendões, físicos, biólogos?

Ou nada foram? Que importa
não haja um só microscópio
lhes cevado a magra forma
ou a mais ínfima nódoa?

Existiram. Esse é o tópico
que aqui, afinal, se aborda.
E eis o faço porque, ao toque
de meus dedos em seus bordos,

tais ossos como que imploram
a mim que os chore e os recorde,
que jamais os deixe à corda
da solidão que os enforca,

nem à sanha do antropólogo
que os vê, não como o espólio
do que foi amor ou ódio,
lascívia, miséria e glória,

mas como a lívida prova
de que o sonho foi-se embora
e dele só resta a escória
numa urna museológica.

E então me pergunto, a sós:
por que desdenhar o outrora
se nele é que ecoa a voz
do que, no futuro, aflora?

Não bastaria uma rótula
para atestar esse *cogito*,
ergo sum, aqui e agora,
alheio a qualquer prosódia

ou língua em que se desdobre
essa falácia que aposta
no fundo abismo sem orlas
entre o que vive e o que morre?

Baixa uma névoa viscosa
sobre as pálpebras da aurora.
E ali, de pé, sob a estola
de um macabro sacerdote,

sagro estes ossos que, póstumos,
recusam-se à própria sorte,
como a dizer-me nos olhos:
a vida é maior que a morte.

INÉDITOS

PRÓLOGO

Eu sou apenas um poeta
a quem Deus deu voz e verso.
Na infância, quando fui relva,
sentia os pés dos efebos
a calcar-me as frágeis vértebras
e colhia das donzelas
o frêmito que, venéreo,
era um augúrio da queda.

Depois, quando fui cipreste,
vi como o vento, em seus dédalos,
cingia-me a áspera testa
e tangia-me as idéias
que nos ramos, vãs quimeras,
pousavam como uma névoa,
úmidas ainda das trevas
e do abismo de que vieram.

Quando fui córrego, as pedras
me ensinaram que o critério
do que em tudo permanece
nunca está nelas, inertes,
mas nas águas que se mexem
com vário e distinto aspecto,
de modo que não repetem
o que antes foi (e era breve).

Quando enfim galguei o vértice
de alguém que eu mesmo não era,
compreendi que esse processo
de sermos outros (e até
termos em nós outro sexo)
nada em si tinha de inédito:
já se lia no evangelho
de um deus ambíguo e pretérito.

E assim fui sendo esse leque
de coisas fluidas e inquietas,
jamais levianas, bem certo,
mas antes, em seu trajeto,
vertentes as mais diversas
de uma só e única célula:
a da matriz que não é
senão seu próprio reverso.

Espelho de meus espectros,
urna de engodo e miséria,
alma sôfrega e sem tréguas,
osso escasso no deserto
onde jejua um profeta,
solidão, infâmia e tédio
— eu sou apenas um poeta
a quem Deus deu voz e verso.

PIETÀ

Ergue-se a morte entre as colunas da basílica.
Em seu trono soberbo brilham tíbias e martírios.
Como uma imperatriz, ela caminha ao som dos sinos
e saúda seus súditos com a mão esquálida e lívida.
Todos se persignam na sala onde ardem os círios
e em cuja abóbada sombria apenas se distingue
um lentíssimo cortejo de sudários encardidos.
As górgonas gargalham na treva dos nichos.
Ergue-se a morte e, sem pressa, cobra seus dízimos
a quem de si não tem sequer as próprias cinzas.
Mas pagam todos, genuflexos e contritos.
Menos um, que lhe aponta o dedo hirto e diz:
"Nada mais há que me arrancares do espírito,
exceto a vida que me concedeu Mefisto
e que, por não ser minha, já não é mais vida,
mas algo que sucumbe à beira do patíbulo."
E a morte se inclinou, piedosa e enternecida,
e carregou-o sobre os ombros rumo ao limbo,
onde o cegou a intolerável luz do Paraíso.

O QUE ME COUBE

Pois foi só o que me coube:
o que eu quis e nunca houve,
o sonho que se fez logro,
como o daquele, o do Horto,
que na cruz pendeu exposto.

Foi só isto. E mais o açoite
que me vergasta o aço do osso,
o vinagre, o fel na boca,
o céu ao reverso, torto,
e Deus, déspota, deposto.

Foi o sabor que me soube:
o da maçã, que era insossa,
o do vinho (azedo) no odre
e o do pão, estrito joio
sem trigo nenhum no miolo.

Foi só isto o que me trouxe
a vida (essa morte em dobro
a quem faço ouvidos moucos),
além de uns parcos amores,
de um Pégaso avesso ao vôo,

de uma flébil flauta doce,
do corvo a chorar Lenora
e de Apolo aquele torso
a transmutar-se num outro.
Foi só. Mais nada. Acabou-se.

VAI TUDO EM MIM

Vai tudo em mim, enfim, se despedindo
neste pomar sem ramos ou maçãs,
sem sol, sem hera ou relva, sem manhãs
que me recordem o que foi e é findo.
Tudo se faz sombrio, e as sombras vãs
do que eu não fui agora vão cobrindo
os ermos epitáfios, indo e vindo
entre as hermas e as lápides mais chãs.
Tudo se esvai num remoinho infindo
de atávicas moléculas malsãs:
essas do avô, do pai e das irmãs
que o sangue foi à alma transmitindo.
Tudo o que eu fui em mim de mim fugindo
em meu encalço vem me perseguindo.

O ASSASSINO

A Frederico Gomes

Vaga na sombra o assassino
que deixou morrer à míngua
toda a família que tinha
e deu de beber vitríolo
às ovelhas de sua quinta.

Erra no beco o assassino
como um agônico bicho
a mover-se entre os detritos
e os animais sem estirpe
com quem agora convive.

Erra na treva e medita
sobre qual desses ilícitos
que lhe são atribuídos
poderá roçar a fímbria
da mais cabal obra-prima,

dessas que nunca definham
junto ao público ou à crítica
e que aspiram ao prestígio
das áureas antologias,
com foto e bibliografia.

Vaga no lodo o assassino
tatuado de cicatrizes,
como a lembrar-lhe, em epígrafe,
que o sofrer acaba um dia,
mas não passa o haver sofrido.

Vaga de luto e sozinho
por ruas, vielas, pocilgas
e infindáveis avenidas
que não têm outra saída
a não ser a do suicídio,

de que ele jamais cogita
em seu *cogito* hedonístico,
mesmo porque tais delitos
são as únicas insígnias
que no peito lhe faíscam.

Erra de esquina em esquina
a recordar o fastígio
da antiga sabedoria,
a que bebeu em Plotino
e nos mestres da patrística,

ou, bem antes, nos sofistas,
em Parmênides e Crítias,
em Heráclito, Anaxímandro,
no que veio de Estagira
e deu à luz o de Aquino.

Erra, ao sabor da agonia,
rente aos afrescos da Assíria,
nos mosaicos bizantinos,
sobre o mármore em que Fídias
petrificou o infinito.

De memória inconcebível,
sabe na ponta da língua
as graves odes de Píndaro,
que recita, embevecido,
quando navega no Estige.

Mas nem mesmo ali termina
seu tortuoso labirinto
ou essa lúgubre sina
que lhe coube desde o início:
a de matar, sem alívio,

os que dele se aproximam
ou, amiúde, o glorificam
talvez por estrito equívoco,
pois quanto mais assassina,
mais de si é a própria vítima.

Erra ao acaso o assassino,
além das categorias
do espaço e do tempo, livre
das críticas do kantismo
e da fátua coisa em si.

Gota após gota, lentíssima,
esvazia-se a clepsidra,
e a água que mede a vida
não afoga a do assassino,
que mais e mais se ilumina

diante daquela doutrina
que desconhece onde finda
o bem e o mal principia.
E assim vai ele, sublime,
farejando o odor sangüíneo

de uma outra carnificina
que o torne, em definitivo,
senhor da morte e da vida.
Vaga na sombra o assassino.
Quem punirá os seus crimes?

O NÁUFRAGO

Na curva suave da tarde,
entre as algas e os sargaços
que ungem a crista das vagas,
um homem, errático, arfa
e nada em busca da praia
a que não chegam seus braços.
Sem bússola ou carta náutica,
leme, sextante, astrolábio,
nada em direção ao nada,
ao que restou de sua alma
que um dia vendeu ao diabo,
como na lenda de Fausto,
em troca de glória fátua
e um grão de imortalidade.
Enquanto nada e se exaure,
toda a vida que levara
vai refluindo, aos pedaços,
como num filme enevoado
que na tela projetasse
as imagens ao contrário.
Mas o que informa o relato,
sem legendas que o aclarem,
é bem mais do que ele narra
em sua língua enrolada:
é a crônica de uma fraude

de quem rasgou o retrato
e perdeu a identidade,
de quem, por julgar-se raro,
se esqueceu de que o vulgar
é também aristocrático,
na medida em que descarna
o rei até a carcaça
e o põe nu, e o equipara
ao mais humilde vassalo.
Na curva suave da tarde,
um homem nada. E naufraga.

O RIO

A Cecília

O rio é uma língua bífida
que lambe não só a fímbria
das gargantas que a constringem,
mas também, porque lasciva,
suas mais profundas vísceras.

Lambe até o lodo e o limo
das frinchas onde se enfia
na terra que, concubina,
abre a úmida vagina
ao seu lúbrico apetite.

Na infância não vi o rio,
mas só praias e penínsulas,
lagoas e alvas restingas
onde o sol e a maresia
inundavam-me as narinas.

Só depois, lá pelos quinze,
é que vi rugir o rio,
com suas súbitas iras,
seus pêlos em desalinho,
seu caráter ínvio e ríspido.

Era o sensual Paraíba,
com águas cor de ouro antigo
e bois nas margens furtivas
que devagar se moviam
quando as cheias as tangiam,

empurrando à superfície
toda sorte de iguarias:
almas penadas, espíritos
malignos, ermas pupilas
de afogados e facínoras,

a lembrança da menina
que sorria entre os caniços,
abrindo-me as coxas lívidas
que ardiam como dois círios
à escura soleira do hímen.

Ó rios de minha vida:
os que cruzei sem ter visto
e os que fluem, com mais tinta,
no pélago das retinas
de quem agora os recria!

Não vi o Eufrates e o Tigre,
ou o esfíngico Nilo,
esse que corre por Biblos
e se derrama em estrias
às bordas de Alexandria.

E não vi, no Middle East,
o irascível Mississipi,
de que T. S. Eliot disse
ser um deus castanho e altivo,
cuja cadência se ouvia

nos verdes quintais de abril,
no aroma das uvas híbridas,
no berçário dos meninos
e no óleo das lamparinas
que o duro inverno aqueciam.

De mãos dadas a esse ritmo,
vi o Tâmisa poluído
na Londres dos anos vinte;
vi-lhe as garrafas vazias
e as migalhas de comida,

um rato a esconder-se, esquivo,
em meio às ervas daninhas.
E ouvi também, mais longínquo,
o riso que, ressequido,
do turvo rio se erguia.

E vi mais: o halo das ninfas
que dali se haviam ido,
e os amantes da rainha,
que com ela percorriam
o Tâmisa até Greenwich.

E o que dizer desse rio
que em dois hemisférios cinde
a rendilhada Paris?
O que dizer desse cisne
que Baudelaire viu um dia,

tão ridículo e sublime,
a sujar as plumas límpidas
nas lajes do Sena esguio,
onde, entre náuseos detritos,
ia, aos tombos, se ferindo?

Sobre o Arno, o grave e humilde
Ponte Vecchio se equilibra.
Ali, Dante viu Beatriz,
mas nele o amor que cintila
é o de Francesca da Rimini.

Ali, Galileu, suicida,
quis saltar fora da vida,
mas, sábio, disse-lhe o rio
que, além das águas, lá em cima,
o céu também se movia.

É pouco o que sei do Vístula,
mas não do Neva, expansivo,
cujos orgiásticos dígitos
em São Petersburgo criam
uma rede de arteríolas.

Cúpulas de ouro faíscam
onde Pedro e Catarina
cravaram fundo as raízes
de uma Rússia cuja estirpe
se enrola nas próprias cinzas.

E lá mesmo — duro epílogo —
uma bala sem arbítrio
matou Puchkin e a poesia.
Mas esta, bem mais que o rio,
corre ainda em meus ouvidos.

Em Salzburg ondula um rio
cujo azul lembra o matiz
da mais difusa opalina.
É Salzsach, dizem os austríacos,
o seu nome de batismo,

e, quando o vi, algo tinha
daquele timbre apolíneo
das árias e sinfonias
que Mozart, em agonia,
escreveu como quem brinca.

Ó Tejo, ó tágides minhas!
Ó Camões sôbolos rios
que por Babilônia singram
e sangram todo o lirismo
de que vive e morre a língua!

Ó rio que viu Ulisses
fundar a velha Olisipo,
que depois Lisboa vira,
muito embora não o digam
a *Odisséia* e a *Ilíada*!

Mais que o Tejo, todavia,
é o Sor que me fala ao íntimo,
quando, azul, todo se estica,
entre sobreiros e olivas,
no louro Alentejo acima.

Pois foi ali, numa quinta
— ou herdade, como dizem —
que eu, já de morte ferido,
descobri enfim o enigma
do que chamam *ars antiqua*,

ou seja, a que não cobiça
ser laureada ou aplaudida
por sua exímia alquimia,
mas tão-só fruir de si
e do prazer de estar viva.

Mas bem antes desses rios
aos quais aqui me refiro,
um houve que, desde o início,
anda em minha companhia
como o cão que o cego guia.

Falo, enfim, daquele rio
de cujas águas alígeras
ninguém sai igual a si
ou àquilo que está vindo
a ser, mas não é ainda.

Tudo se move. Esta é a sina
de todos, este o castigo
que nos coube, como a Sísifo:
o de sermos o princípio
e o fim, na mesma medida.

Por isso louvei os rios
que não começam nem findam
e que estão sempre fugindo
dessa fraude que os quer hirtos
como alguém que já não vive.

EIS QUE ENVELHECES

Célula a célula,
vértebra a vértebra,
de ti o espectro,
eis que envelheces:

não mais o aéreo
passo de Pégaso,
nem as hipérboles
da áurea quimera,

mas só o inverno
da áspera pele
que trinca e engelha
como a de um réptil,

ou as exéquias,
sem círio ou prece,
do ralo esperma
que nada gera.

Na boca, uns restos
do que antes eram
palavra, verve,
humor feérico,

lirismo etéreo,
enigmas, dédalos,
que agora hibernam
no oco das trevas.

As mãos entrevam,
os olhos secam,
a alma enfeza
sem luz ou fé.

No entanto, és mestre
no ofício indébito
que tanto exerces:
o de dar crédito

àquela moeda,
gasta e decrépita,
em cujo verso
relês que o eterno

é a tua gleba
e que, por certo,
mais sábio és
porque mais velho.

É que te esqueces
de que há, mais pérfida,
outra exegese
sobre essa tese:

a que interpreta,
álgida e cética,
todas as pérolas
que te oferecem.

É nada o que herdas
por seres velho,
exceto a cédula
de uma hipoteca

que em vão fizeste
da pouca terra
em que teus pés
sequer puseste

— da escassa terra
em que coubessem,
não teus troféus,
mas só teus restos.

A noite sela
com uma pétala
teus olhos cegos.
Eis que envelheces.

BIOGRAFIA

Ivan Junqueira nasceu no Rio de Janeiro em 3 de novembro de 1934. Ingressou nas faculdades de Medicina e de Filosofia, cujos cursos não chegou a concluir. Iniciou-se no jornalismo em 1963, na *Tribuna da Imprensa*, tendo atuado, ainda, no *Correio da Manhã*, *Jornal do Brasil* e *O Globo*, como redator e sub-editor. Foi assessor de imprensa e depois diretor do Centro de Informações das Nações Unidas, no Rio de Janeiro, entre 1970 e 1977, tendo colaborado na feitura de diversas enciclopédias.

Como crítico literário e ensaísta, tem colaborado em todos os grandes jornais e revistas dos principais centros urbanos do país, bem como em publicações especializadas nacionais e estrangeiras. Foi eleito "Personalidade do Ano", pela UBE, no ano de 1984, e, após um período trabalhando na Fundacen, transferiu-se para a Funarte, onde foi editor da revista *Piracema*. Foi ainda editor adjunto e depois editor-executivo da revista *Poesia Sempre*, da Fundação Biblioteca Nacional.

Como conferencista, tem realizado palestras em diversas cidades do país e do exterior. Em Lisboa, no ano de 1994, inaugurou o Projeto Camões, ocasião em que ministrou, na Biblioteca Nacional da capital portuguesa, o curso "*A rainha arcaica*: uma interpretação mítico-metafórica", projeto que prosseguiu no ano seguinte, sempre com sua colaboração. Ainda em 1995, recebeu da UFRJ o diploma de "notório saber". De 1996 a 1997 participou, como poeta e ensaísta, das "Rodas de Leitura" do Centro Cultural Banco do Brasil (CCBB) e, em 1998, foi curador do Programa de Co-Edições da Fundação Biblioteca Nacional, programa que possibilitou a publicação de diversos títulos de autores brasileiros.

É membro titular do Pen Club do Brasil e da Academia Brasileira de Letras, para a qual foi eleito, em março de 2000, para a cadeira de n° 37.

Recebeu vários prêmios literários, entre os quais o Prêmio Nacional de Poesia, do INL (1981); o Prêmio Assis Chateaubriand, da ABL (1985); o Prêmio Nacional de Ensaísmo Literário, do INL (1985); o Prêmio da Associação Paulista de Críticos de Arte (1991); o Prêmio da Biblioteca Nacional (1992); o Prêmio Jabuti (1995); o Prêmio Luísa Cláudio de Sousa, do Pen Club do Brasil (1995); e o Prêmio Jorge de Lima, da UBE (2000).

Sua poesia já foi traduzida para o espanhol, alemão, francês, inglês, italiano, dinamarquês, russo e chinês.

BIBLIOGRAFIA

POESIA

Os mortos. Ed. do Autor. Rio de Janeiro, 1964. Menção honrosa no Concurso Jorge de Lima, 1965.
Três meditações na corda lírica. Rio de Janeiro, Lós, 1977.
A rainha arcaica. Rio de Janeiro, Nova Fronteira, 1980. Prêmio Nacional de Poesia, do Instituto Nacional do Livro, 1981.
Cinco movimentos. Rio de Janeiro, Gastão de Holanda Editor, 1982. Musicados por Denise Emmer no CD *Cinco movimentos & um soneto*, 1997.
O grifo. Rio de Janeiro, Nova Fronteira, 1987. Menção honrosa do Prêmio Jabuti, da Câmara Brasileira do Livro, 1988. Trad. dinamarquesa, *Griffen*. Husets Forlag, Copenhague, 1994.
A sagração dos ossos. Rio de Janeiro, Civilização Brasileira, 1994. Prêmio Jabuti, da Câmara Brasileira do Livro, 1995. Prêmio Luísa Cláudio de Sousa, do Pen Club do Brasil, 1995.
Poemas reunidos. Rio de Janeiro, Record, 1999. Prêmio Jorge de Lima, da UBE, 2000.

ENSAÍSMO

Testamento de Pasárgada (antologia crítica da poesia de Manuel Bandeira). Rio de Janeiro, Nova Fronteira, 1980. 2ª ed. revista, Nova Fronteira/ABL, 2003.

Dias idos e vividos (antologia crítica da prosa de não-ficção de José Lins do Rego). Rio de Janeiro, Nova Fronteira, 1981.

À sombra de Orfeu. Rio de Janeiro, Nórdica/INL, 1984. Prêmio Assis Chateaubriand, da ABL, 1985.

O encantador de serpentes. Rio de Janeiro, Alhambra, 1987. Prêmio Nacional de Ensaísmo Literário, do INL, 1985.

Prosa dispersa. Rio de Janeiro, Topbooks, 1991.

O signo e a sibila. Rio de Janeiro, Topbooks, 1993.

O fio de Dédalo. Rio de Janeiro, Record, 1998. Prêmio Oliveira Lima, da UBE, 1999.

Baudelaire, Eliot, Dylan: três visões da modernidade. Rio de Janeiro, Record, 2000.

TRADUÇÃO

Quatro quartetos, de T. S. Eliot (com introdução e notas). Rio de Janeiro, Civilização Brasileira, 1967.

T. S. Eliot. Poesia (com introdução e notas). Rio de Janeiro, Nova Fronteira, 1981. 8ª ed.

A obra em negro, de Marguerite Yourcenar. Rio de Janeiro, Nova Fronteira, 1981. 6ª ed.

Como água que corre, de Marguerite Yourcenar. Rio de Janeiro, Nova Fronteira, 1982.

Prólogos. Com um prólogo dos prólogos, de Jorge Luis Borges. Rio de Janeiro, Rocco, 1985.

As flores do mal, de Charles Baudelaire (com introdução e notas). Rio de Janeiro, Nova Fronteira, 1985. 10ª ed.

Albertina desaparecida, de Marcel Proust. Rio de Janeiro, Nova Fronteira, 1988.

Ensaios, de T. S. Eliot (com introdução e notas). São Paulo, Art Editora, 1989. Menção honrosa do Prêmio Jabuti, 1990.

De poesia e poetas, de T. S. Eliot (com introdução e notas). São Paulo, Brasiliense, 1991.

Poemas reunidos 1934-1953, de Dylan Thomas (com introdução e notas). Rio de Janeiro, José Olympio, 1991. Prêmio da Associação Paulista de Críticos de Arte (1991) e da Biblioteca Nacional (1992).

Doze tipos, de G. K. Chesterton (com introdução e notas). Rio de Janeiro, Topbooks, 1993.

Obs.: Suas traduções dos poemas de Baudelaire e de Leopardi constam das edições das obras reunidas desses dois autores, publicadas, respectivamente, em 1995 e 1996, pela Nova Aguilar.

ÍNDICE

Ivan Junqueira: a poesia do palimpsesto 7

OS MORTOS

Os mortos 33
Água 38
Tristeza 39
Elegia íntima 40
Balada romântica 41
Flor amarela 44
Hoje 45
É o vento 46
Solilóquio 48
Soneto ao unicórnio 49
O polvo 50
Ária marinha 51
Clave menor 53
Signo & esfinge 56

TRÊS MEDITAÇÕES NA CORDA LÍRICA

1 65
2 67
3 72

OPUS DESCONTÍNUO

Canção estatuária 79
Alta, a rainha 81
Epitáfio 83
Lição 84

A RAINHA ARCAICA

I — A rainha indivisa 91
II — Inês: indícios 92
III — Que se alasse a monarca! 93
IV — Pedro, o Cru 94
V — Eu era moça, menina... 95
VI — Inês e Constança 96
VII — O matrimônio secreto 97
VIII — Afonso IV 98
IX — Morte de Inês 99
X — A ira do infante 100
XI — A vingança 101
XII — Vai numas andas... 102

XIII — Inês, rainha póstuma 103
XIV — Inês: o nome 104

CINCO MOVIMENTOS

I — 109
II — 110
III — 111
IV — 112
V — 113

O GRIFO

A garra do grifo 121
Áspera cantata 124
A ave 126
Corpus meum 128
Morrer 130
Limbo 131
Tigre 132
Meu pai 133
Oferenda 134
Escarpa 135
Hino à noite 137
Penélope: cinco fragmentos 144
Você 147
É tão pouco... 149

A morte 150
Gato 152
Vozes 154
Não virá 157
Canção 159
Estive aqui 160

A SAGRAÇÃO DOS OSSOS

Onde estão? 169
O enterro dos mortos 172
Ladainha 174
Ossos 175
Poética 178
O poema 180
E se eu disser 181
Últimas palavras 182
Terzinas para Dante Milano 183
Espelho 188
A morte 190
No leito fundo 192
Sótão 193
Octavus 195
Esse punhado de ossos 196
Assusta-me essa inóspita brancura 197
O poder 198
Rosto 201

Manhã 202
Testamento 203
Talvez o vento saiba 204
Palimpsesto 205
Quando solene e agudo 207
Sapatos 208
A sagração dos ossos 211

INÉDITOS

Prólogo 217
Pietà 219
O que me coube 220
Vai tudo em mim 222
O assassino 223
O náufrago 228
O rio 230
Eis que envelheces 238

BIOGRAFIA 243
BIBLIOGRAFIA 245

COLEÇÃO MELHORES CRÔNICAS

MACHADO DE ASSIS
Seleção e prefácio de Salete de Almeida Cara

JOSÉ DE ALENCAR
Seleção e prefácio de João Roberto Faria

*JOSÉ CASTELLO**
Seleção e prefácio de Leyla Perrone-Moisés

*MANUEL BANDEIRA**
Seleção e prefácio de Eduardo Coelho

*AFFONSO ROMANO DE SANT'ANNA**
Seleção e prefácio de Letícia Malard

*MARQUES REBELO**
Seleção e prefácio de Renato Cordeiro Gomes

*LIMA BARRETO**
Seleção e prefácio de Beatriz Resende

*JOÃO DO RIO**
Seleção e prefácio de Ítalo Moriconi

*RAUL POMPÉIA**
Seleção e prefácio de Cícero Sandroni

*CECÍLIA MEIRELES**
Seleção e prefácio de Leodegário Azevedo Filho

*LÊDO IVO**
Seleção e prefácio de Gilberto Mendonça Teles

*PRELO**

Impressão e acabamento:
GRÁFICA PAYM
Tel. (011) 4392-3344